Das Geheimnis der
LUSITANIA

Das Geheimnis der
LUSITANIA

EINE SCHIFFSKATASTROPHE VERÄNDERT DIE WELT

von Robert Ballard und Spencer Dunmore
Mit Gemälden von Ken Marschall
Historische Beratung: Eric Sauder

EIN ULLSTEIN/MADISON PRESS BUCH

ISBN 3-550-06888-3

© 1995 Madison Publishing Inc. (Design und Zusammenstellung)
© 1995 Odyssey Corporation und Lonfield Creative Arts Inc. (Text)
Titel der Originalausgabe: *Exploring the Lusitania*

Übersetzt von Klaus-Peter Schmidt

© 1995 der deutschsprachigen Ausgabe by Verlag
Ullstein GmbH, Berlin · Frankfurt am Main

Umschlaggestaltung: Theodor Bayer-Einck
Titelbild: Gemälde von Ken Marschall
Satz: LVD GmbH, Berlin
Druck: Arnoldo Mondadori Editore, Verona
Printed in Italy 1995
Gedruckt auf alterungsbeständigem Papier
mit chlorfrei gebleichtem Zellstoff

Von Dr. Robert Ballard
sind im Verlag Ullstein
bereits erschienen:

Die Entdeckung der Bismarck
Das Geheimnis der Titanic
Versenkt im Pazifik
Das Rätsel der Dakar

G roß wird man, indem man auf den Schultern anderer steht.
Dieses Buch ist all den Wissenschaftlern, Ingenieuren,
Technikern und Freunden gewidmet, die in den letzten dreißig
Jahren mit mir aufs Meer gefahren sind, um Dinge zu sehen,
die niemand vor ihnen gesehen hat, und die meine
Träume zu den ihren gemacht haben.

Inhalt

Erstes Kapitel

OLD HEAD OF KINSALE, 1993

DER OLD HEAD OF KINSALE IST EINE FELSIGE LAND-
zunge an der Südküste Irlands, die fast fünf Kilometer ins Meer hinausreicht und an deren äußer-
ster Spitze wie ein Wachposten ein Leuchtturm steht. Von
der ruhelosen See umspült und ständig von Wind über-
strichen, bietet sie einen Anblick von atemberaubender
Schönheit. Als meine Frau Barbara und ich sie im Sommer
1992 zum ersten Mal sahen, verliebten wir uns sofort in sie.
Ich erinnere mich, wie ich am Rand der steilen Klippen
entlang zum Leuchtturm ging, über das im Sonnenlicht glitzernde Meer blickte, die frische, salzige Luft einsog und das
grandiose Panorama genoß. Es war kaum zu glauben, daß
wenige Kilometer von meinem Standort entfernt die größte
maritime Tragödie dieses Jahrhunderts stattgefunden hatte.
Wir kannten die Stelle: Sie befand sich exakt 18,02 Kilometer südlich und zwei Grad westlich des Leuchtturms. Ich
ertappte mich dabei, daß ich das Meer absuchte, als erwartete ich, irgend etwas zu finden, das den Unglücksort markierte. Dort lag in 49 Faden oder 89,9 Metern Tiefe das Grab
eines Schiffes mit Namen *Lusitania* – und das von 1195 Passagieren und Besatzungsmitgliedern.

Es geschah an einem Mainachmittag des Jahres 1915,
einem ungewöhnlich schönen Frühlingstag, der warm genug
war, daß sich eine Familie aus dem nahe gelegenen Bandon

Der Old Head of Kinsale an der Südküste Irlands
sieht heute noch fast genauso aus wie vor achtzig Jahren,
als die Lusitania *in Sichtweite des Leuchtturms unterging.*

Die Versenkung der *Lusitania* schockierte die Welt, und die Pressezeichner wetteiferten darum, wer den Schrecken am besten ins Bild zu fassen vermochte.

entschloß, auf dem Old Head zu picknicken. Während die Familie ihre Sandwiches aß, kam von Südwesten her der luxuriöse Dampfer in ihr Blickfeld. Es war eines der größten und schnellsten Linienschiffe auf der Atlantikroute und kam nonstop aus New York. Sein Ziel war Liverpool, das es jedoch nie erreichen sollte. Kurz nach zwei Uhr mittags beobachteten die entsetzten Zuschauer an Land, wie ein Torpedo die Steuerbordseite des Schiffs traf. Sekunden später wurde der Ozeanriese von einer zweiten, größeren Explosion erschüttert, und eine gewaltige Wolke aus Wasser und Trümmern schoß aus dem Meer. Ein krachendes Donnern hallte über das glitzernde Wasser. Wenig später legte sich das Schiff auf die Steuerbordseite, und nach achtzehn Minuten war die *Lusitania*, der Stolz der Reederei Cunard, verschwunden. Zurück blieben Hunderte von Passagieren und Besatzungsmitgliedern, die in dem eisigen Wasser ums Überleben kämpften, inmitten eines chaotischen Durcheinanders von Liegestühlen, Lukendeckeln, Kartons, Flaschen, Fässern, Schwimmwesten und den Trümmern Dutzender Rettungsboote, die bei dem hoffnungslosen Versuch, sie von dem irrwitzig schief liegenden Schiff ins Wasser zu lassen, zu Bruch gegangen waren. Von den 1959 Passagieren und Besatzungsmitgliedern überlebten nicht mehr als 764.

Nur wenige Ereignisse des ersten Weltkriegs erschütterten die Welt so stark wie die Versenkung der *Lusitania*. Im Mai 1915 konnte sich niemand vorstellen, daß die Matrosen eines zivilisierten Landes ein unbewaffnetes Passagierschiff angreifen würden, indem sie sich unter Wasser anschlichen und es ohne jede Vorwarnung mit Torpedos beschossen. Bei dem Unglück starben auch 123 Amerikaner – Opfer eines Krieges, in den ihr Land nicht verwickelt war.

Während ich auf die in der Sonne schimmernde unschuldige Wasserfläche schaute, dachte ich über das Unglück nach. Die *Lusitania* war ein massives Schiff. Obwohl als Passagierschiff entworfen, hätte es nur weniger Veränderungen bedurft, um sie zu einem sogenannten Hilfskreuzer umzubauen. Als sie vom Stapel lief, priesen die Zeitungen ihren doppelten Rumpf und die wasserdichten Schotten; sie galt als »so unsinkbar, wie ein Schiff nur sein kann«. Dennoch war die *Lusitania* nur achtzehn Minuten nach dem Torpedotreffer gesunken. Warum hielt sie sich nicht einmal so lange über Wasser wie die weit weniger robuste *Titanic*? Das unglückliche Schiff der White Star Line war noch über zwei Stunden im Wasser getrieben, obwohl der Eisberg seinen Rumpf auf einer Länge von 75 Metern aufgerissen hatte. Und warum berichteten so viele Überlebende von zwei Explosionen, obwohl aus allen Akten hervorgeht, daß das deutsche U-Boot *U-20* nur einen Torpedo abschoß?

Jahrelang wurde darüber spekuliert, daß Cunard einen Auftrag erfüllte, der möglicherweise nicht so harmlos war, wie die Briten glauben machen wollten. Manche behaupteten, der Luxusdampfer hätte in Verletzung des Seerechts in Amerika gekauften hochexplosiven Sprengstoff für den Einsatz an der Front transportiert. Nicht nur das, man mutmaßte sogar, daß eine monströs zynische Verschwörung das Unglück absichtlich herbeigeführt hatte. Die Briten hätten *gewollt,* daß das Schiff sinkt – mit dem Hintergedanken, daß der brutale Tod prominenter Amerikaner die Vereinigten Staaten veranlassen würde, auf der Seite der Alliierten in den Krieg einzutreten; und Winston Churchill, der gerissene Erste Lord der Admiralität, stecke dahinter, hieß es.

Unsere Mission in Irland bestand darin, die Wahrheit über den Verlust des berühmten Luxusliners zu enthüllen und ein für allemal die Tatsachen herauszufinden. Bevor wir nach Irland reisten, war ich geneigt zu glauben, daß illegal transportierter Sprengstoff die Tragödie verursacht hatte. Es ergab Sinn: Der Torpedo traf die Steuerbordseite; seine Explosion entzündete die in den Laderäumen gestapelten Waffen und Sprengstoffe und löste die gewaltige zweite Explosion aus.

Aber es paßte nicht alles zusammen. Nach den Berichten der Überlebenden schlug der Torpedo unter oder kurz vor der Brücke ein, also ein gutes Stück von den Laderäumen entfernt. Die Flammen oder Funken hätten also einen langen Weg zurücklegen müssen, der noch dazu durch zwei

Die ersten Tauchgänge zur Lusitania *wurden in den dreißiger Jahren unternommen. Sie fanden allerdings, trotz des Eindrucks, den diese Illustration vermittelt, in fast völliger Dunkelheit statt.*

stabile Stahlschotten versperrt war. Konnten die riesigen Dampfkessel die Ursache der Katastrophe gewesen sein? Welche furchtbaren Folgen es hat, wenn kaltes Meerwasser mit einem glühend heißen Dampfkessel in Kontakt kommt, weiß jeder, der sich mit der Geschichte der Seefahrt beschäftigt hat: Es kommt auf der Stelle zu einer enormen Explosion. Aber keiner der überlebenden Maschinisten der *Lusitania* hat von solch einer Explosion berichtet. Was also geschah wirklich?

In den achtzig Jahren seit der Versenkung der *Lusitania* wurde mehrmals versucht, das Geheimnis zu lüften. Der Engländer Jim Jarrat war Mitte der dreißiger Jahre der erste, der wieder auf dem berühmten Schiff stand. In der schweren, unförmigen Tauchausrüstung jener Zeit und ohne ausreichende Beleuchtung konnte er jedoch kaum etwas sehen. Kein Wunder, daß er verwirrt war und glaubte, das Schiff liege auf der Backbordseite, und nicht auf der Steuerbordseite, wie spätere Taucher herausfanden. Ein Vierteljahrhundert nach ihm tauchte der Amerikaner John Light mit einer Sporttaucherausrüstung mehrere Male zu dem Schiff hinab. Mit Hilfe einer besseren Lichtquelle, als sie Jim Jarrat besaß, bestätigte er, daß die *Lusitania* auf der Steuerbordseite lag. Light berichtete außerdem von einem riesigen Loch in der Backbordseite des Bugs. Die aufgerissene Stahlplatte sei nach außen gebogen, worin er einen sicheren Beweis dafür sah, daß der Schaden von einer inneren Explosion gewaltigen Ausmaßes herrührte. Er hatte keinen Zweifel daran, daß der U-Boot-Torpedo eine illegale Sprengstoffladung entzündet hatte. Die Folge: eine verheerende Explosion, die ein enormes Leck in den Rumpf riß, das dafür verantwortlich war, daß der Ozeanriese so schnell sank.

Anfang der achtziger Jahre untersuchte die Firma Oceaneering International das Wrack. Der Auftrag dazu stammte von einem Konsortium aus britischen und amerikanischen Presseunternehmen und Fernsehgesellschaften sowie zwei britischen Ingenieuren, die ihre Ideen für das Heben großer Lasten aus dem Meer testen wollten. Das Unternehmen galt allerdings mehr der Suche nach den Goldbarren und anderen Kostbarkeiten, die angeblich in dem Wrack begraben lagen, und weniger dem Geheimnis des Untergangs der *Lusitania*.

Interessanterweise fühlte sich die britische Regierung bemüßigt, sich zu der Expedition zu äußern. Das Verteidigungsministerium in London warnte das Oceaneering-Team, es sei »unklug, nicht auf die einleuchtende, reale Gefahr hinzuweisen, die gegeben wäre, wenn tatsächlich Sprengstoff vorhanden war«. Wer danach eine offizielle Bestätigung dafür erwartete, daß die *Lusitania* Sprengstoff transportierte, wurde jedoch enttäuscht: »Dem Ministerium ist keinerlei Beleg bekannt, der das Gerücht, es wäre anderer Sprengstoff im Spiel gewesen, stützen würde.« Kurz gesagt, hütet euch vor Sprengstoff, aber wenn ihr welchen findet, stammt er nicht von uns.

Ich hatte schon lange den Wunsch, das Wrack der *Lusitania* zu untersuchen und die Wahrheit über die Katastrophe herauszufinden, die die Welt unserer Urgroßväter bis in ihre selbstgefälligen Fundamente hinein erschütterte. Sie wurde seither von vielen als das Ereignis angesehen, das die Vereinigten Staaten in den ersten Weltkrieg hineinzog. Aber dem war nicht so. Obwohl 123 Amerikaner bei dem Untergang starben und zahllose ihrer Landsleute die sofortige Kriegserklärung forderten, war er kaum mehr als ein Schritt in diese Richtung. Es sollten noch zwei Jahre vergehen und Dutzende verärgerte Noten zwischen Washington und Berlin gewechselt werden, bevor sich Amerika den Alliierten anschloß und »nach drüben« ging.

Ich war schon immer der Ansicht, daß der Untergang der *Lusitania* mehr bedeutete als den Verlust eines stolzen Schiffs und Hunderter von Menschenleben. Die Tragödie kann als ein Wendepunkt in unserem Jahrhundert betrachtet werden, an dem eine Ära abrupt zu Ende ging und eine neue begann. Der Untergang selbst, wie tragisch er auch war, bewirkte keine tiefgreifende Haltungsänderung, aber er war vielleicht der fehlende Tropfen, der letzte Stoß, der die Welt in einen moralischen Abgrund stürzte, aus dem sie sich bis heute nicht befreit hat. In jenen unschuldigen Zeiten beruhte die zivilisierte Gesellschaft auf einem Verhaltenskodex, der unabänderlich zu sein schien. Aber die Regeln wurden eine nach der anderen gelockert, und bald zählte der materielle Gewinn mehr als die Haltung; die Prinzipien beugten sich mehr und mehr dem Profit.

Man könnte mit Fug und Recht sagen, daß die Struktur unserer Gesellschaft seit jenem Maitag im Jahr 1915 immer offener zutage getreten ist.

❧

UNSERE VORGEHENSWEISE KANN MIT DER EINES TEAMS VON Polizisten am Ort des Verbrechens verglichen werden. Wir hatten ein Opfer, Beweise und die Zeugenaussagen der wichtigsten Beteiligten.

Jetzt war es Zeit, alles zu ordnen und Antworten auf Fragen zu finden, die die Historiker acht Jahrzehnte lang beschäftigt hatten. Unser großer Vorteil allen unseren Vorgängern gegenüber war eine fortgeschrittene Technik.

Wir setzten nicht nur eine einzigartige Kombination ferngesteuerter und bemannter Fahrzeuge ein, sondern hatten auch eine höchst effektive Überwachungsmethode entwickelt. Das mag nicht so aufregend klingen wie manche andere Aspekte von Unterwasserabenteuern, aber es ist der Schlüssel für den Erfolg einer solchen Mission. In diesen Gewässern ist die Sicht schlecht. Starke Lichtquellen sind natürlich eine große Hilfe, aber auch dann ist nur ein relativ kleiner Ausschnitt zu sehen. Die grundlegende Schwierigkeit früherer Expeditionen zur *Lusitania* bestand darin, das Gesamtbild zu erhalten. Es war so, als wollte man das Kennedy-Raumfahrtzentrum bei völliger Dunkelheit nur mit einer Taschenlampe erkunden. Kein Wunder, daß Jim Jarrat durcheinanderkam; alles, was er sah, waren ein paar Quadratmeter Stahl. Andere Forscher waren nicht viel besser ausgerüstet, um das Geheimnis der *Lusitania* zu lüften. Mit Hilfe unseres Überwachungssystems würden wir jederzeit wissen, wo sich jedes einzelne Fahrzeug befand, und, was genauso wichtig war, seine exakte Position auf dem Wrack bestimmen können. Alle diese Informationen würden uns in den Kontrollraum des Kommandoschiffs übermittelt werden und auf Monitoren zur Verfügung stehen. Da der gleichzeitige Einsatz von drei Robotern *(Jason, Homer* und *Medea)* und einem bemannten Unterwasserfahrzeug *(Delta)* vorgesehen war, würde der Kontrollraum dem Tower eines Flugplatzes ähneln, in dem die Fluglotsen die Bewegungen – und die Sicherheit – mehrerer Flugzeuge gleichzeitig überwachen.

Wir waren dasselbe Team, das schon die *Titanic* und das deutsche Schlachtschiff *Bismarck* untersucht hatte. Das Zusammenspiel einer guten Mannschaft hat mich immer fasziniert. Jeder einzelne bringt seine Persönlichkeit und seinen Standpunkt ein und beeinflußt auf subtile Weise die gesamte Gruppe, so daß das Ganze mehr darstellt als die Summe seiner Teile. In unserem Fall war ein einzigartiger Schmelztiegel der verschiedensten Talente und Fachkenntnisse entstanden. Neben Barbara, die den größten Teil der Planung der Expedition erledigte, bestand unser Team aus: Andy Bowen, dessen Wissen über *Jason* nur noch von seiner Erfahrung auf See übertroffen wird (darüber hinaus verfügt er über einen unerschöpflichen Vorrat an zweideutigen Geschichten); Dana Yorger, die das Computerkeyboard meistert wie einst Mozart das Klavier und die viel zur Entwicklung von *Jason* beitrug; Martin Bowen, ein Spezialist für ferngesteuerte Flugzeuge, dessen Geschick bei der Suche nach einem Weg durch das Chaos des Wracks eine Voraussetzung für den Erfolg der Expedition war; Ken Marshall, der brillante maritime Maler, sowie Eric und Bill Sauder, zwei der führenden *Lusitania*-Experten der Welt. Ich glaube, jeder von uns empfand das gleiche: eine ausgewogene Mischung aus Vorfreude und Besorgnis. So empfinden Forscher meistens, wenn der Augenblick der Wahrheit näherrückt. Erregende Entdeckungen werden häufig genug von niederschmetternden Enttäuschungen begleitet.

Neben dem Zusammenspiel des Wissens, der Fähigkeiten und Erfahrungen unserer Teammitglieder, das uns physisch in die Lage versetzen würde, das Wrack zu erreichen und zu untersuchen, hatte unsere Mission noch eine andere Dimension: Ich hoffte, daß wir alle zu einem besseren Verständnis des Zeitalters gelangen würden, dem die *Lusitania* angehörte. Und genau das war der Fall.

Jeder von uns verspürte bald eine echte Verwandtschaft mit den direkt oder indirekt Beteiligten – mit den Passagieren und der Besatzung, die ahnungslos in die Katastrophe fuhren, mit den Schreibern und Politikern im Lager der Alliierten, denen fast die Worte fehlten, um ihre Empörung auszudrücken, und, ja, auch mit den U-Bootmännern, die gegen eine Blockade kämpften, die ihr Land auszuhungern und zu bezwingen drohte. Je mehr wir entdeckten, desto mehr konnten wir verstehen, was aus ihrer Sicht passiert war, worin ihre Ängste, ihre Wut und ihre Hoffnungen bestanden.

Oben: Mitglieder unseres Teams beraten sich. Unten links: Bill Sauder, Ken Marschall, Eric Sauder und ich untersuchen ein Modell der *Lusitania*.

Unten Mitte: Unser Kommandoschiff, die Northern Horizon, *liegt vor der irischen Küste vor Anker. Unten rechts:* Delta *und* Jason *auf dem hinteren Deck an den Kränen, mit denen sie zu Wasser gelassen werden.*

DER STOLZ DER CUNARD LINE

DIE LUSITANIA verdankte ihre Existenz dem Wettbewerb. Um die Jahrhundertwende bestimmten zwei Entwicklungen den lukrativen und prestigeträchtigen Passagierverkehr über den Atlantik: Einerseits stellten die Deutschen, zum Mißvergnügen der Engländer, auf die seit vielen Jahren der Löwenanteil des Geschäfts entfallen war, mehrere hervorragende und technisch fortgeschrittene Linienschiffe in Dienst, darunter die *Kaiser Wilhelm der Große* und die *Deutschland*, die für Fahrten mit hoher Geschwindigkeit entwickelt worden waren und das Blaue Band, jene rein symbolische, aber überaus wertvolle Auszeichnung für das schnellste Schiff auf dem Atlantik, nach Deutschland holten. Andererseits, und das beunruhigte die Engländer noch mehr, übernahm der amerikanische Finanzier J. Pierpont Morgan die White Star Line, Cunards Hauptkonkurrenten. Diese Übernahme hatte unangenehme Konsequenzen. Die britische Handelsmarine war seit Jahrhunderten als Reserve der Royal Navy betrachtet worden, die mit ihren Schiffen und Seeleuten für Kriegszeiten bereitgehalten wurde. Konnte Großbritannien von einer ausländischen Reederei erwarten, daß sie in einer künftigen nationalen Notsituation diese Pflicht erfüllen würde?

Für Cunard bedeuteten beide Entwicklungen sowohl ein Problem als auch eine Chance. Der Präsident von Cunard, der tatkräftige Lord Inverclyde, unterbreitete der Regierung von Arthur Balfour den Vorschlag, zwei technisch hochmoderne Superlinienschiffe zu bauen, die schneller, größer und unendlich viel luxuriöser sein sollten als alles, was damals über die Meere fuhr; darüber hinaus sollten sie, wenn nötig, leicht in Hilfskreuzer umgewandelt werden können. Inverclydes Idee war attraktiv, hatte allerdings ihren Preis. Um die neuen Schiffe zu

finanzieren, verlangte Cunard einen zwanzigjährigen Kredit von 2,6 Mio. Pfund zu einem Zinssatz von 2,75 Prozent, knapp der Hälfte der damals üblichen Rate. Die Regierung schreckte zwar vor den Kosten zurück, aber der Vorschlag war zu gut, um abgelehnt zu werden. Das Parlament stimmte ihm zu.

Für den Schiffbauingenieur Leonard Peskett stellten die beiden

Oben: Eine Postkarte zeigt die unter vollem Dampf stehende Lusitania. *Solche Postkarten wurden an Bord als Souvenirs verkauft.*
Rechts: Die Lusitania *beim Festmachen in New York. Der schmale Mast, der für Fahrten mit hoher Geschwindigkeit ausgelegt war, verdankte seine Form eher den zeitgenössischen Kriegsschiffen als dem Stil anderer Linienschiffe.*

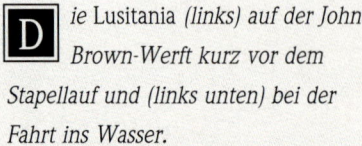

D ie Lusitania *(links)* auf der John-Brown-Werft kurz vor dem Stapellauf und *(links unten)* bei der Fahrt ins Wasser.

Unten rechts: Die Lusitania *und ihr Schwesterschiff* Mauretania *wurden von der Cunard-Werbung groß herausgestellt.*

Rechts: Über 20 000 Menschen wollten den Stapellauf der Lusitania *miterleben.*

neuen Schiffe die größte Herausforderung seines Lebens dar. Nicht genug damit, daß sie die Krone des Schiffbaus sein sollten; sie mußten auch noch in Kriegsschiffe umwandelbar sein. Trotz der Halterungen für ein Dutzend 15,2-Zentimeter-Schnellfeuergeschütze war der kriegerische Nutzen der Linienschiffe allerdings fraglich. Ohne Panzerung und mit ihrem gewaltigen Kohleverbrauch wären sie in einer modernen Seeschlacht ungefähr so nützlich gewesen wie Vollblutpferde beim Pflügen.

Bald begannen inmitten des scharfen Gestanks und ohrenbetäubenden Lärms von Schiffswerften zwei ungeheure Ozeanriesen Gestalt anzunehmen: die 239,3 Meter lange *Lusitania* in der John-Brown-Werft im schottischen Clydebank und ihr 240,8 Meter langes Schwesterschiff *Mauretania* in der Werft Swan Hunter and Wigham Richardson im nordenglischen Newcastle-on-Tyne. Beide hatten eine Wasserverdrängung von rund 40 000 Tonnen. Von den stärksten Schiffsmotoren angetrieben, die jemals gebaut

wurden, verbanden sie eine elegante Form mit enormer Leistungskraft, die eine Höchstgeschwindigkeit von mehr als 25 Knoten versprach, und einem Raumangebot, das für über 2000 Passagiere und gut 850 Besatzungsmitglieder ausreichte. Niemand zweifelte daran, daß die beiden Schönheiten das Blaue Band für England zurückerobern würden.

Die *Lusitania* lief am 6. Juni 1906 als erste vom Stapel. Lord Inverclyde konnte den Stapellauf tragischerweise nicht mehr miterleben; er war im Jahr zuvor im Alter von

44 Jahren unerwartet verstorben. Seine Witwe Mary nahm in Anwesenheit von mehr als 20 000 Zuschauern – geladenen Gästen und einem großen Teil der Einwohnerschaft von Clydebank – die Taufe vor. Sir Charles MacLaren, der stellvertretende Vorstandsvorsitzende von John Brown, gab dem gesamten Projekt eine patriotische, wenn nicht chauvinistische Note, indem er erklärte, daß Großbritannien »als Herrin der Meere und Führer im Schiffbau« nicht eher ruhen könne, bis Deutschland das Blaue Band wieder abgejagt worden sei. Darüber hinaus, fügte er hinzu, könne das Schiff durch »leichte« Veränderungen zum »schnellsten und machtvollsten Kreuzer der Welt« umgewandelt werden.

Es brauchte ein Jahr, um den Innenausbau der *Lusitania* fertigzustellen und alles zu installieren oder unterzubringen: die riesigen Turbinen, die Heizkessel, die Kühlanlage, die Geschirrspülgeräte, die nach Tausenden zählenden Möbelstücke, die zahllosen Behälter und Ballen, Kisten und Kartons mit diesem und jenem, von Schmieröl bis zu Toilettenpapier. Schließlich waren nur noch die letzten Hochseetests zu absolvieren, bevor sie an Cunard übergeben werden konnte. Niemand zweifelte daran, daß sie sie mit Bravour bestehen würde.

Sie tat es nicht.

Die Ingenieure mußten zu ihrem Entsetzen feststellen, daß das Luxusschiff, der Liebling der Nation, einen Makel hatte. Das Heck begann bei hohen Geschwindigkeiten zu vibrieren, und es war kein feines Zittern,

21

sondern ein regelrechtes Beben, das Stahlplatten und Träger, Plattengänge und Stützen durchrüttelte und das Heck in weiten Teilen unbrauchbar machte. Die Schiffbauer hatten keine andere Wahl: Der gesamte Abschnitt, in dem sich 142 Zweite-Klasse-Kabinen befanden, wurde noch einmal ausgeweidet und durch ein reichhaltiges Sortiment aus Bögen, Trägern, Keilen, Pfeilern, Einbaumöbeln und allem, was sonst geeignet war, als Versteifung zu dienen, ergänzt. Das Ganze dauerte einen Monat und verschlang Unsummen, aber es ließ sich nicht umgehen.

Im September 1907 begab sich die zusätzlich versteifte Lusitania schließlich auf die Jungfernfahrt nach New York, was in der Presse mit einer wahren Orgie der Superlative gefeiert wurde. Die Reporter waren von den Ausmaßen und großzügigen Proportionen der Lusitania geblendet. Sie war, was kaum einer von ihnen zu erwähnen vergaß, der größte bewegliche Gegenstand, der jemals von Menschen gebaut worden war. Man brauchte über zwanzig Eisenbahnzüge, um die Kohle heranzuschaffen, die sie, von riesigen Turbinen mit drei Millionen Präzisionsschaufeln angetrieben, für die Atlantiküberquerung benötigte.

Für die Kühlung der Maschinen brauchte man fast 250 000 Liter Wasser pro Minute. Beim Bau waren vier Millionen Nieten mit einem Gesamtgewicht von 450 Tonnen

verarbeitet worden. Nicht weniger als 400 Kilometer Kabel schlängelten sich durch das Schiffsinnere, um die verschiedensten Verbraucher mit Strom zu versorgen – Uhren, Lampen, Motoren zum Kochen, zum Teigkneten, zur Herstellung von Eiskrem und zum Sauber- machen.

Die 34 großen, wasserdichten Schotten wurden elektrisch geschlossen und geöffnet; sie bil- deten die »stählerne Honigwabe«, die das Schiff gerettet hätte, wenn es zu einer Kollision gekommen wäre wie der, nach der die *Titanic* gesunken war.

Die *Lusitania* war, wie die *New York Times* zuversichtlich schrieb, »so unsinkbar, wie ein Schiff nur sein kann«.

Von kleineren Schiffen umringt, fährt die Lusitania *im September 1907 nach ihrer Jungfernfahrt, von Liverpool kommend, in New York ein.*

Zweites Kapitel

Die 202. Überfahrt

1. Mai 1915, Pier 54, New York

Es war ein hektischer Tag. Das waren Abfahrtstage immer, wenn Hunderte von Passagieren abgefertigt und an Bord genommen und Tausende Frachtstücke sortiert werden mußten, je nachdem, ob man sie auf der Reise benötigen würde oder nicht. Eine riesige Menschenmenge würde sich einfinden, um die Abfahrt des Luxusliners mitzuerleben. Die New Yorker hatten ihn ins Herz geschlossen, seit er auf seiner Jungfernfahrt vor acht Jahren das erste Mal in ihrer Stadt angelegt hatte. Seither war er über hundertmal in New York vor Anker gegangen, und seine mitten im stinkenden Fleischverarbeitungsbezirk, am Ende der 14. Straße, aufragende Silhouette, in deren Schatten die anderen Schiffe klein und unbedeutend wirkten, war zu einem vertrauten Anblick geworden.

Aber es gab diesmal noch einen zweiten Grund für das rege Interesse. Das Schiff würde ungewöhnlich viele amerikanische Bürger mit auf die Reise nehmen, die größte Anzahl, seit in Europa der Krieg ausgebrochen war.

U m die Lusitania oder (links und Mitte) ihr Schwesterschiff mit Brennstoff zu beladen, fuhren Lastkähne längsseits, von denen die Kohle durch Luken in die Bunker verfrachtet wurde.

Unten links und rechts: Vor der Abfahrt mußten die Heizer Dutzende von Kesseln befeuern.

Die Vorbereitungen für die Abfahrt hatten begonnen, lange bevor der erste Passagier den Fuß auf die Gangway setzte. Über fünftausend Tonnen Kohle waren mit Getöse über die Rutschen in die Kohlebunker gepoltert. Es war eine schmutzige Arbeit, und als sie erledigt war, mußten die Decks abgespritzt und die Messingteile geputzt werden, bis sie spiegelblank waren. Der unverwechselbare Geruch von Kohlenstaub und Schmieröl hatte sich als zusätzliche pikante Note unter die nach Fisch riechende Brise gemischt, als mit dem Verladen der Fracht begonnen wurde. Obwohl als Passagierschiff gebaut, besaß die *Lusitania* auch Platz für Frachtgut. Auf dieser Reise bestand es aus Kupfer und Messing, Werkzeugmaschinen und Zahnarztausrüstungen, 160 Tonnen Rindfleisch, Schweinefett und Schinken, 105 Fässern mit Austern aus Connecticut, 25 Behältern mit Öl und Dutzenden Kisten mit diesem und jenem. Der Wert der Ladung belief sich laut dem vom amerikanischen Zoll abgesegneten Frachtschein auf 750 000 Dollar.

Deutsche Agenten hatten schon vor Wochen das Gerücht in Umlauf gesetzt, daß die *Lusitania* Konterbande an Bord haben würde: Tonnen mit Sprengstoff für die Kriegsfronten. Das Gerücht war falsch. Zur Ladung gehörten zwar auch 4200 Kisten mit Gewehrmunition vom Kaliber .303 der Firma Remington, aber es war eine völlig legale Fracht. Einige Jahre vor dem Krieg hatten die Behörden eine Reihe von Tests durchgeführt, bei denen Munitionskisten schweren Belastungen und offenem Feuer ausgesetzt wurden, ohne daß gefährliche Folgen eintraten. Danach hatte das Ministerium für Handel und Arbeit in Washington erklärt, daß Munition für Handfeuerwaffen auf Passagierschiffen transportiert werden dürfe. Im übrigen hatte die *Lusitania* keinen Platz, um große Mengen Sprengstoff aufzunehmen. Sie gehörte zwar zu den größten Schiffen auf der Atlantikroute, aber sie war nicht als Frachter entworfen worden, sondern um Passagiere und ihr Gepäck zu transportieren.

Weit unterhalb der Wasserlinie gingen die Heizer an die Arbeit und warfen schaufelweise Kohle in die Öfen, um den nötigen Druck in den Dampfkesseln aufzubauen. Sie waren

ein rauher Haufen, diese rußverschmierten Bewohner des Schiffsbauchs, und die meisten von ihnen waren verkatert, nachdem sie ihren Landurlaub damit verbracht hatten, den Staub und Dreck der Westpassage mit reichlichen Mengen Alkoholika wegzuspülen. Bald würde die Hitze in den Kesselräumen unerträglich werden, und die rußgeschwärzten Hände würden sich mit Blasen überziehen. Der Lärm reichte

Ein Gepäckwagen, auf dem vorn deutlich der Name der Lusitania *zu erkennen ist, hält vor dem Cunard-Pier in New York.*

jetzt schon aus, um das Gefühl zu bekommen, daß einem der Kopf platzte, besonders, wenn man bereits einen Brummschädel hatte.

Das Unbehagen in den Kesselräumen wurde aber noch durch etwas anderes hervorgerufen. Dowie, das Maskottchen der Heizer, eine vier Jahre alte schwarze Katze, hatte sich in der Nacht aus dem Staub gemacht. Ein schlechtes Omen, meinten die Männer.

DIE SECHZEHNJÄHRIGE CHRISSIE AITKEN WACHTE PLÖTZLICH auf und wußte im ersten Augenblick nicht, wo sie sich befand und welcher Tag war. Sie war eingeschlafen, möglicherweise für mehr als nur ein paar Minuten. Nach ihrem Traum zu urteilen, hätten es Stunden gewesen sein können. Sie fühlte immer noch den Schrecken, der ihr in die Glieder gefahren war: Der Zug, in dem sie fuhr, war quietschend und pfeifend zum Stehen gekommen, und der Mann mit der Schirmmütze hatte gesagt, daß sie zu spät kamen. Das Schiff sei schon abgefahren, erklärte er achselzuckend. Im nächsten Augenblick hatten sie und ihre Familie inmitten von Koffern und Taschen mit allem möglichen, von Schokoladenriegeln bis zu Babypuder, auf dem Pier gestanden und dem mit heulender Sirene davondampfenden Schiff nachgeschaut.

Chrissie öffnete die Augen. Kein Schiff. Kein Pier. Der Zug ratterte immer noch über die Gleise. Ihr Vater, ihr Bruder Jarvie und dessen kleiner Sohn saßen auf denselben Plätzen wie bisher, und ihre Köpfe nickten immer noch im Takt der Schienenstöße. Aber der Ausblick hatte sich verändert. Statt auf Wälder und Buschwerk sah man in schmutzige, unordentliche städtische Straßen mit im Wind wehenden Fahnen und einer eiligen Menschenmenge als unruhigen Farbtupfern.

»Sind wir da?«

»Hm«, bestätigte ihr Vater lächelnd. Er sah müde aus. Was Wunder? Vier Tage im Zug waren genug, um jeden Mann zu erschöpfen, sogar einen mit gesundem Herzen. Chrissie betete, daß diese endlose Reise seine Gesundheit nicht noch mehr angegriffen hatte. Warum konnte sich ihr Vater nicht in Nordamerika einem Herzspezialisten anvertrauen? In Vancouver, zum Beispiel, oder Seattle. In beiden Städten gab es Fachleute, die genauso kompetent waren wie ihre Kollegen in Edinburgh, vielleicht sogar noch mehr. Sie hatte auf ihren Vater eingeredet, aber es war vergebene Liebesmühe gewesen. Er hatte nur mit der Zunge geschnalzt und sie mit diesem Du-bist-zu-jung-um-das-zu-verstehen-Blick angesehen. Und damit war die Sache erledigt gewesen. Wenn seine Pumpe schon repariert werden mußte, dann wollte er, daß es in Schottland gemacht wurde. Insgeheim glaubte Chrissie, daß das Herzproblem nur ein Vorwand war. Ihr Vater wollte einfach nach Schottland fahren. Obwohl er seit Jahren in Kanada lebte, sehnte er sich immer noch nach dem Heideland. Und so hatten sie sich auf diese Odyssee begeben, von Britisch-Kolumbien quer durch den Kontinent, Hunderte von Kilometern weit durch Gebirge und flache, eintönige Prärie.

Als sie in New York ankamen, mußten sie feststellen, daß

Nach zwei Wochen in den Vereinigten Staaten kehrte Margaret Mackworth (oben) mit ihrem Vater, dem britischen Geschäftsmann D. A. Thomas (unten), nach England zurück.

ihr Schiff, die *Cameronia,* von der britischen Admiralität requiriert worden war, um Truppen zu transportieren. Mit der dürftigsten Entschuldigung – »Es ist der Krieg, wissen Sie« – teilte man ihnen mit, daß für sie Plätze auf einem anderen Schiff reserviert worden seien.

Chrissie hatte manchmal das Gefühl, daß die ganze Verantwortung, die früher ihre Mutter getragen hatte, jetzt auf ihren Schultern lastete. Diese gedankenlosen, ungeduldigen Männer, von ihrem Vater bis zu ihrem kleinen Neffen, waren jetzt ihre Schutzbefohlenen. Sie mußte sich um sie kümmern. Warum, fragte sie sich, mußten die Töchter immer mehr Verantwortung übernehmen als die Männer? Das war ungerecht. Genauso wie eine Menge anderer Dinge im Leben, wie sie herauszufinden begann.

Ihr Bruder riß sie aus ihren Gedanken. Jarvis war es egal, daß man sie von der *Cameronia* verbannt hatte. Alles, woran er denken konnte, war, daß das Schicksal sie von einem gewöhnlichen Schiff genommen und auf einem der größten Ozeanriesen der Welt abgesetzt hatte, der *Lusitania.*

❧

MARGARET MACKWORTH VERSUCHTE SICH ZUsammenzureißen. Aber sie hatte das ungute Gefühl, daß ihr dennoch die Kinnlade heruntergeklappt war, als sie zum ersten Mal den Rumpf emporschaute, hinauf zu den vier Schornsteinen, die den Himmel zu berühren schienen. Keines der Bilder, die sie gesehen hatte, wurde dem Schiff gerecht. Auf dem Papier waren seine Abmessungen bloße Zahlen; man mußte es sehen, um seine Größe begreifen zu können. Über Margaret erhob sich ein schwarzes Stahlfeld mit unzähligen Nietenköpfen, die sich in exakten, geraden Linien aneinanderreihten. Kein Wunder, daß der Stapellauf der *Lusitania* vor neun Jahren in der Presse solchen Widerhall gefunden hatte. Die Zeitungen hatten sie das größte, schnellste, luxuriöseste Schiff der Welt genannt, einen grandiosen schwimmenden Palast, in dem alle technischen Wunder der Welt versammelt waren. Um seine Größe zu veranschaulichen, hatte die Zeitschrift *The Sphere*

Oben: Die Brücke der Lusitania *war das Reich ihres Kapitäns, William Turner.*

den Ozeanriesen der Länge nach stehend neben der St. Paul's Cathedral abgebildet. Die Spitze des Kreuzes auf dem berühmten Gotteshaus reichte gerade bis zur Hälfte des riesigen Schiffsrumpfs.

»Es gibt wohl eine kleine Verzögerung«, verkündete Margarets Vater, als er aus dem Schifffahrtsbüro am Pier kam. »Nicht lange. Zwei oder drei Stunden, sagen sie. Wegen zusätzlicher Passagiere von der *Cameronia*.«

Der Anblick des Cunard-Piers erinnerte Margaret an die Broadway-Premiere, die sie in der Woche zuvor miterlebt hatte: der gleiche Wald von Gesichtern und das gleiche aufgeregte Stimmengewirr, nur daß diesmal der Geruch von Salzwasser und Öl und die Geräusche des zum Leben erwachenden Schiffs hinzukamen.

Margaret Mackworth, eine attraktive Frau in den Dreißigern, war zwei Wochen in Amerika gewesen. Ihr Vater, der international bekannte Unternehmer und Grubenbesitzer David Thomas, war zehn Tage vor ihr in die Staaten aufgebrochen, und seine Aktentasche war prallvoll mit Dokumenten über Kohlengruben in Pennsylvania, Frachtschiffe auf dem Mississippi, Eisenbahnen in Nordkanada, Berg-

bauareale und Ölfelder. Er hatte umfangreiche geschäftliche Interessen in Nordamerika und war seit Jahren über den Atlantik gependelt wie manche New Yorker mit der Staten-Island-Fähre. Es hatte Spaß gemacht, New York mit ihrem Vater kennenzulernen, und Margaret war ihm dankbar, daß er sie eingeladen hatte. Ihre früheren Vorbehalte waren verflogen; New York war ein schillernder Treffpunkt voller Erregung und Gelächter, ein wundervoller warmer Ort nach einem Kriegswinter in England. Vielleicht sollte sie einmal für länger hierherkommen. Ihre Ehe mit Sir Humphrey Mackworth bestand jetzt sieben Jahre,

29

und sie bezweifelte, daß sie sieben weitere Jahre halten würde. Aber was dann?

☙

DER HERR ÜBER DIE *LUSITANIA* BEOBACHTETE VON SEINEM erhöhten Standpunkt auf der Brücke das hektische Treiben auf dem Vordeck. Kapitän William Turner hatte diese Szene schon tausendmal gesehen. Es war immer das gleiche vor dem Ablegen: zuviel zu tun und zuwenig Zeit. Die Passagiere strömten bereits die Gangway hinauf, unter ihnen, nach Auskunft des Cunard-Büros, eine Menge Prominenz. Turner zuckte die Achseln. Ihn interessierten sogenannte Berühmtheiten nicht sonderlich, all diese Schauspieler und Politiker, Wirtschaftsbosse und Titelträger. Von den meisten hatte er noch nie gehört, und es kümmerte ihn wenig, wer etwas darstellte und wer nicht. Um die Wahrheit zu sagen, hätte er es wahrscheinlich vorgezogen, Schiffsladungen aus Gußeisenteilen zu transportieren. Gußeisenteile erwarteten nicht, daß er sie unterhielt. Sie stellten weder schwachsinnige Fragen über das Wetter und das Schiff, noch beklagten sie sich über die Temperatur des Frühstückstees. Schlechtes Wetter war in vieler Hinsicht ein Segen; es bot ihm den perfekten Vorwand, auf der Brücke zu bleiben und die Unterhaltung und Schmeichelei jenen Offizieren zu überlassen, die das Talent dazu hatten.

Turner war 59 Jahre alt und hatte den Höhepunkt seiner Karriere erreicht. Er war als magerer Dreizehnjähriger, der nichts zu bieten hatte als die Bereitschaft zu lernen, von zu Hause weg und auf See gegangen. Er war ein heller Bursche, aber damals wäre niemand auf die Idee gekommen, ihm zu prophezeien, daß er eines Tages zum Kapitän des stolzesten Luxusliners der Welt aufsteigen würde. Wie hatte er es geschafft? Teilweise mit Glück; er wäre der letzte gewesen, der es geleugnet hätte. Man muß zur richtigen Zeit am richtigen Ort sein, wenn man etwas erreichen will. Aber zum größten Teil war es das Ergebnis harter Arbeit. Turner liebte und fürchtete die See. Er kannte ihre Launen und Kapriolen. Er wußte, wann man sich ihr ohne Widerrede zu beugen hatte und wann sie ein paar Freiheiten durchgehen ließ. Sein Wissen war aus Erfahrungen gewonnen, aus beinahe tödlichen Fehlern und schlichtem, blindem Glück; es war von der Art, die sich einem für immer einprägte, und die war, jedenfalls seiner Ansicht nach, weit besser als alles, was man aus Büchern lernen kann.

Das Geschäft schien gut zu laufen, bemerkte Turner er-

freut. Nach dem Kriegsausbruch im letzten August waren die Buchungen stark zurückgegangen, und den ganzen Winter über war nicht viel los gewesen. Aber jetzt, mit dem Frühlingsanfang, waren die Reisenden offenbar wieder auf Achse. Der heutige 1. Mai war der geschäftigste Tag seit Monaten. Nicht weniger als vier große Schiffe würden New York verlassen, neben der *Lusitania,* dem größten und stolzesten, die *New York* der American Line, die *Rotterdam* der Holland-American Line und die *Bergensfjord* von Norwegian-America. Von den Hunderten von Passagieren, die die Gangways hinaufgingen, schien kaum jemand einen Grund zu sehen, warum der Krieg seine Reisepläne durcheinanderbringen sollte. Kriege waren Sache von Armeen und Regierungen. Zivilisten standen gewissermaßen außerhalb des Spielfelds, das den Soldaten gehörte, während die Regierungen verhandelten. Die Auseinandersetzung zwischen Großbritannien und seinen Verbündeten einerseits und den Mittelmächten andererseits zog sich jetzt schon fast zehn Monate hin, und es gab zwar Berichte über die Versenkung von Frachtern, aber daß ein Passagierschiff das gleiche Schicksal erleiden könnte, war undenkbar, zumal wenn es eine große Anzahl Amerikaner an Bord hatte. Kriegszonen und Blockaden betrafen Frachter und Kontrabande, nicht jedoch Passagierschiffe. U-Boote? Wie die meisten Kapitäne seiner Generation fand Turner, daß die Admiralität die Gefahr übertrieb, wenn sie in ständig neuen Anweisungen erklärte, wie man mit ihnen fertig werden konnte. Turner wußte es schon. Man mußte den bösartigen, hinterhältigen Dingern davonfahren. Oder wenden und sie rammen. Sie aufschneiden. Nach Turners Ansicht mußte sich kein Kapitän, der ein schnelles Schiff mit starkem Bug kommandierte, wegen der U-Boote schlaflose Nächte bereiten.

Wenn sich ein Passagier besorgt über die U-Boot-Gefahr äußerte, wies Turner auf die phänomenale Geschwindigkeit der *Lusitania* hin und erklärte, dies sei die bestmögliche Versicherung gegen diese erbärmlichen neumodischen Erfindungen. Daß die Reederei Cunard ihn angewiesen hatte, sechs Dampfkessel, gut ein Viertel der Leistungskraft des Schiffs, nicht einzusetzen, behielt er für sich. Es war eine Sparmaßnahme. Kohle war teuer, und die *Lusitania* erwirtschaftete aufgrund des Krieges gerade mal die Betriebskosten. Der Ausfall mehrerer Dampfkessel verringerte zwar die Höchstgeschwindigkeit um einige Knoten, aber das Schiff war, wie sich die Aufsichtsräte von Cunard gegenseitig versichert hatten, immer noch schnell genug, um jedem U-Boot davonfahren zu können.

Turner hatte früher an diesem Morgen erfahren, daß die Deutschen eine Warnung in die Zeitungen gesetzt hatten, in der auf die Gefahren einer Ozeanüberquerung in Kriegszeiten hingewiesen wurde. Er hatte daraufhin die *New York Times* nach dem Inserat durchforstet, zunächst jedoch nur seitenweise Werbeanzeigen gefunden – für Lord and Taylor (Frühjahrsanzüge für Herren zu 17,50 Dollar), Gimbel Brothers (Victrola-Phonographen für ganze sieben Dollar Anzahlung und Monatsraten von sechs Dollar), Hardman and Peck (Konzertflügel für 650 Dollar, die von keinem Geringeren als Enrico Caruso empfohlen wurden). Strohhüte, Zahnersatz, Mittel gegen Pickel ... Jeder in New York wollte einem etwas verkaufen. Schließlich hatte Turner es gefunden: eine kleine Annonce mit schwarzem Rand, wie eine Todesanzeige. Sie erinnerte Reisende, »die beabsichtigen, sich für die Atlantikfahrt einzuschiffen«, an die Tatsache, daß zwischen Deutschland und seinen Verbündeten einerseits und Großbritannien und seinen Alliierten andererseits der Kriegszustand herrschte. Wer die Reise dennoch unternehme, tue dies auf eigene Gefahr.

Das Cunard-Büro meldete trotz dieses Inserats nicht mehr als die übliche Rate von Absagen in letzter Minute. Der Zeitung zufolge hatte der Vertreter von Cunard die Warnung als einen weiteren Versuch abgetan, seine Gesellschaft »zu schikanieren und ihre Passagiere zu beunruhigen«.

Turner wollte so schnell wie möglich weg. New York hatte seit dem Kriegsausbruch für ihn eine merkwürdig irreale Ausstrahlung. Während Tausende von mutigen jungen Männern (einschließlich seiner beiden Söhne Norman und Percey) in stinkenden Schützengräben ihr Leben einsetzten, war für die New Yorker nichts auf der Welt wichtiger als die Führung der Yankees in der American League.

ADVERTISEMENT.

NOTICE!

TRAVELLERS intending to embark on the Atlantic voyage are reminded that a state of war exists between Germany and her allies and Great Britain and her allies; that the zone of war includes the waters adjacent to the British Isles; that, in accordance with formal notice given by the Imperial German Government, vessels flying the flag of Great Britain, or of any of her allies, are liable to destruction in those waters and that travellers sailing in the war zone on ships of Great Britain or her allies do so at their own risk.

IMPERIAL GERMAN EMBASSY
WASHINGTON, D. C., APRIL 22, 1915.

Diese Annonce erschien in der New York Times *auf derselben Seite wie die Cunard-Anzeige mit der Abfahrtszeit der* Lusitania.

IMMER NEUE PASSAGIERE TRAFEN EIN UND WURDEN, NOCH bevor sie das Deck betraten, nach Klassen unterteilt. Jene mit Erste-Klasse-Tickets (für den »Salon«, wie ihn Cunard nannte) gingen die eine Gangway hinauf, während die Reisenden zweiter Klasse (Cunard zog die Bezeichnung »zweite Kabine« vor) eine andere benutzten und jene dritter Klasse (einst als Ruderdeck bekannt, weil die Reisenden mit den billigsten Tickets auf vielen Schiffen im Heck, in der Nähe der Rudermaschine, untergebracht wurden) einer dritten zustrebten. Wer aus irgendeinem Grund nicht wußte, in welcher Klasse er reise, dem wurde es durch die Behandlung, die er von der Besatzung erfuhr, bald klargemacht. Die Passagiere der ersten Klasse waren die Aristokratie. Sie hatten für vollen Service bezahlt, und sie erhielten ihn. Am Beginn der Reise wurden diskret die Brieftaschen geöffnet, um die erste Rate des obligatorischen Trinkgelds zu begleichen. Fünf- und Zehn-Pfund-Noten, Zehn- und Zwanzig-Dollar-Scheine, Francs, Peseten, Rupien, Drachmen: Die Besatzung konnte jede Währung problemlos wechseln – und mit einem Blick den gesellschaftlichen Rang jedes Passagiers einschätzen.

In der zweiten Klasse entsprachen die Beziehungen zwischen Passagieren und Besatzung eher einer stillschweigenden, für beide Seiten befriedigenden geschäftlichen Vereinbarung zwischen Gleichgestellten. Die Reisenden der zweiten Klasse wurden von der Besatzung als überaus solide Bürger betrachtet, die sich einen guten Service leisten konnten; tatsächlich hätten es sich viele von ihnen leisten können, erster Klasse zu reisen. Aber die Atmosphäre der zweiten war weniger förmlich, was manche offenbar vorzogen. Darüber hinaus konnte der falsche Akzent oder eine fragwürdige Herkunft in der dünnen Luft der ersten Klasse eine peinliche Hypothek sein. 1915 war es wichtig, seinen Platz zu kennen. Zweite-Klasse-Passagiere wurden mit aller Höflichkeit behandelt (vorausgesetzt, das Trinkgeld stimmte) und konnten auf einem Luxusliner wie der *Lusitania* eine ebenso bequeme und erfreuliche Überfahrt genießen wie in der ersten Klasse anderer Schiffe.

Die Passagiere der dritten Klasse, die Unterschicht der Schiffsgesellschaft, standen einige Stufen niedriger auf der sozialen Skala. Es waren überwiegend arme Stadt- und Landbewohner, die aus ganz Europa kamen und in Amerika ein besseres Leben suchten; und so, wie sie auf der Westpassage die Dritte-Klasse-Kabinen belegten, taten sie es auch, wenn sie zu Besuch, oder um sich dort wieder anzusiedeln, in die alte Heimat zurückfuhren. In einer Welt, die den Reichtum anbetete, waren sie arm, aber ihre Zahl machte sie zu einem wichtigen Faktor in der Bilanz der Schiffahrtsgesellschaft. Cunard stopfte die Kabinen mit ihnen voll, behandelte sie aber den Maßstäben der damaligen Zeit nach recht gut, auch wenn sich einige von ihnen darüber beschwerten, daß die Besatzungsmitglieder schlimmere Snobs waren als die Passagiere der ersten Klasse.

Der Theaterimpresario Charles Frohman wollte in London die Neuinszenierungen der Saison begutachten.

❧

IN DEN PASSAGIERLISTEN DER *LUSITANIA* hatten im Lauf der Jahre die Namen vieler internationaler Berühmtheiten gestanden, und diese Fahrt war keine Ausnahme. Alfred Gwynne Vanderbilt, der siebenunddreißigjährige Multimillionär und Sportsmann, hatte eine Überfahrt gebucht, um an der Versammlung des Internationalen Pferdezüchterverbandes teilzunehmen. Die Versammlung von 1914 war wegen des Kriegsausbruchs abgesagt worden, und die Mitglieder waren übereinstimmend der Meinung, daß man sich in diesem Jahr durch nichts abhalten lassen dürfe; es gab wichtige Dinge zu besprechen.

Alfred Vanderbilt hatte am vergangenen Abend in seinem Hotel eine mysteriöse anonyme Nachricht erhalten: Die *Lusitania* solle zerstört werden. Aber er ignorierte die Warnung; er hielt sie für einen schlechten Scherz. Der Urenkel von Commodore Vanderbilt, dem bekannten Industriekapitän, der ein märchenhaftes Imperium aus Eisenbahn- und Schiffsgesellschaften aufgebaut hatte, verbrachte fast genauso viel Zeit in Europa wie in Amerika. Er freute sich auf einen angenehmen Aufenthalt in England mit einer anregenden Mischung aus Geschäft und Vergnügen. Alfred war eine bekannte Gestalt in den Sportarenen und Badeorten, die von den Betuchten dieser Welt frequentiert wurden; er liebte die schnellsten Pferde, die schnellsten Automobile und, wie manche behaupteten, auch die schnellsten Frauen. Er würde zwar fraglos an der Pferdezüchterversammlung teilnehmen, aber es ging das Gerücht, daß daneben bereits einige Verabredungen außerhalb des Blickfelds neugieriger Reporter getroffen worden waren.

Das Leben hatte es außerordentlich gut gemeint mit Alfred, und das erfrischende an ihm war, daß es ihm, nach den flotten Schnappschüssen in den Kupfertiefdruckbeilagen der Zeitungen zu urteilen, offenbar bewußt war. Er hatte nach dem Tod seines Vaters gut fünfzig Millionen Dollar geerbt und war seitdem damit beschäftigt, sie auszugeben. Was immer er tat, es verschlang Unsummen. Die Scheidung von seiner ersten Frau Elsie hatte ihn satte zehn Millionen Dollar gekostet. Aber die Glücksgöttin war ihm hold gewesen, seit er den ersten Atemzug getan hatte, und sie schien ihre Haltung seither nicht geändert zu haben. Drei Jahre zuvor hatte er eine Passage auf der Jungfernfahrt der *Titanic* gebucht, war aber aus geschäftlichen Gründen gezwungen, seine Pläne zu ändern, so daß das unglückliche Schiff ohne ihn auf seine erste und letzte Fahrt ging.

Charles Frohman, ein bekannter Theaterimpresario, wollte sich in London die neuesten West-End-Produktionen anschauen, um zu sehen, ob die eine oder andere für den Broadway geeignet war. Auch er soll davor gewarnt worden sein, mit der *Lusitania* zu reisen, aber wie Vanderbilt hatte er es mit einem Achselzucken abgetan. Frohman war vom Erfolg verwöhnt und wurde wegen seiner stämmigen Figur und der düsteren, gespannten Gesichtszüge, die eine gewisse Ähnlichkeit mit denen des französischen Kaisers aufwiesen, der »Napoleon des Schauspiels« genannt. Er fuhr

Die besten Kabinen der Lusitania waren die Königssuiten mit großen Schlafzimmern (oben) und Salons (unten links). Die von der Lusitania gebotene Mischung aus Luxus und Geschwindigkeit zog Passagiere wie den Millionär Alfred Vanderbilt an (unten rechts).

E inem Zweite-Klasse-Passagier wie Avis Dolphin (unten) standen eine bequeme Mehrpersonenkabine (gegenüberliegende Seite und oben) und gemütliche Gemeinschaftsräume (ganz oben) für den Tag zur Verfügung.

mindestens einmal im Jahr nach London, obwohl ihm das Reisen aufgrund des Gelenkrheumatismus, der ihn seit einem bösen Sturz vor einigen Jahren plagte, in letzter Zeit immer schwerer fiel. Manchmal schien ihm die Seeluft gutzutun, aber meistens verschlechterte sie seinen Zustand nur noch. Frohman hatte sich für die *Lusitania* entschieden, weil sie das schnellste Schiff auf dem Atlantik war; er wollte die Reise schnellstmöglich hinter sich bringen. Er hatte kurzzeitig daran gedacht, jemand anders nach London zu schicken, um sich die Theaterproduktionen anzusehen und über sie zu befinden, aber um die Wahrheit zu sagen, er hatte kein Vertrauen in das Urteilsvermögen anderer. Sein bemerkenswerter Erfolg am Broadway war allein seinen eigenen Ideen und seiner Intuition zu verdanken.

Die Reisegründe vieler anderer Passagiere zeugten von derselben Unbekümmertheit über den Krieg und seine Gefahren. Der Engländer Stewart Mason war frisch verheiratet und befand sich mit seiner Frau Leslie, der Tochter des bekannten Bostoner Unternehmers William Lindsay, auf der Hochzeitsreise. Der junge William Holt, Sohn eines reichen kanadischen Bankiers, fuhr über den großen Teich, um in die berühmte Schule von Marlborough einzutreten. Die zwölfjährige Avis Dolphin sollte ebenfalls in England zur Schule gehen. Ihre Mutter, die Besitzerin eines Pflegeheims in St. Thomas, Ontario, hatte es sich in den Kopf gesetzt, daß ihre Tochter eine solide englische Erziehung erhalten sollte. Eine Krankenschwester, die bei Mrs. Dolphin angestellt war und zufälligerweise zur selben Zeit nach England reisen wollte, hatte sich bereit erklärt, sich während er Überfahrt um Avis zu kümmern. Avis freute sich darauf, ihr Heimatland kennenzulernen, das sie mit zwei Jahren verlassen hatte, als ihre Eltern auswanderten.

Andere verfolgten mit ihrer Reise gewichtigere Ziele. Elbert Hubbard, der berühmte »Weise von East Aurora«, wollte Kaiser Wilhelm interviewen. Der Autor des Bestsellers *Message to Garcia* und Herausgeber der Monatszeitschrift *The Philistine* war eine extravagante Figur mit einer Vorliebe für lange Haare und schlaff herabhängende Fliegen. Er hatte den deutschen Kaiser in glücklicheren Tagen schon einmal getroffen, und obwohl er in der Zwischenzeit einige unfreundliche Dinge über Deutschland geschrieben hatte, hoffte er zuversichtlich, einen aufsehenerregenden journalistischen Coup landen zu können.

Oliver Bernard wollte sich wie viele ausgewanderte Briten

zum Dienst in den Streitkräften seines Heimatlandes melden. Er war ein begabter Bühnenbildner und hatte in Boston, Massachusetts, gearbeitet, als der Krieg ausbrach. Er war sofort nach England gegangen, aber die Armee hatte ihn abgelehnt, und ebenso das Fliegerkorps und die Luftwaffe der Marine. Sein Gehör entsprach nicht den Anforderungen, hatten ihm die Ärzte teilnahmslos erklärt. Bernard hatte die Enttäuschung hinuntergeschluckt und war zu seiner Arbeit im Bostoner Opernhaus zurückgekehrt. Sie wurde gut bezahlt, und er mochte Boston und die Bostoner, aber das Gefühl, daß er etwas für sein schwer geprüftes Land tun sollte, hatte weiter an ihm genagt. Als ihm ein Freund aus London schrieb, daß die Streitkräfte bei geringfügigen gesundheitlichen Problemen ihrer Rekruten jetzt nicht mehr so kleinlich seien, hatte er auf der Stelle seine Überfahrt vorbereitet, und da er so schnell wie möglich nach England wollte, lag es nahe, einen Platz auf der *Lusitania* zu buchen.

ɔ

DIE FAMILIE WILLIAMS verstaute ihre Habseligkeiten in ihrer Dritte-Klasse-Kabine. Das ging schnell. Sie besaßen kaum mehr als die Kleider, die sie am Leib hatten. Was sich verkaufen ließ, war zu Geld gemacht worden, um die Schiffstickets zu bezahlen, und als sich herausstellte, daß es nicht reichte, waren gutherzige Nachbarn aus Plainfield, New Jersey, eingesprungen und hatten den Rest beigesteuert.

Die Auswanderung der Familie vor ein paar Jahren war ein kompletter Reinfall gewesen. Sobald sie in Amerika eingetroffen war, hatte sich das Oberhaupt der Familie, John Williams, auf und davon gemacht. Seine Angehörigen vermuteten, daß er nach England zurückgegangen war, wußten es aber nicht mit Sicherheit. Auf jeden Fall hatten Mrs. Williams und ihre sechs Kinder kaum eine andere Wahl, als dorthin zurückzukehren und zu hoffen, daß sich alles irgendwie von selbst regeln würde. Bei Mrs. Williams waren die neunjährige Edith und die jüngeren Kinder − Edward, George, Florence, Ethel und der vier Monate alte David. Es war ziemlich eng in der Kabine, aber niemand beklagte sich. Diese Reise würde der Beginn einer besseren Zeit für die Familie sein, da waren sie sicher.

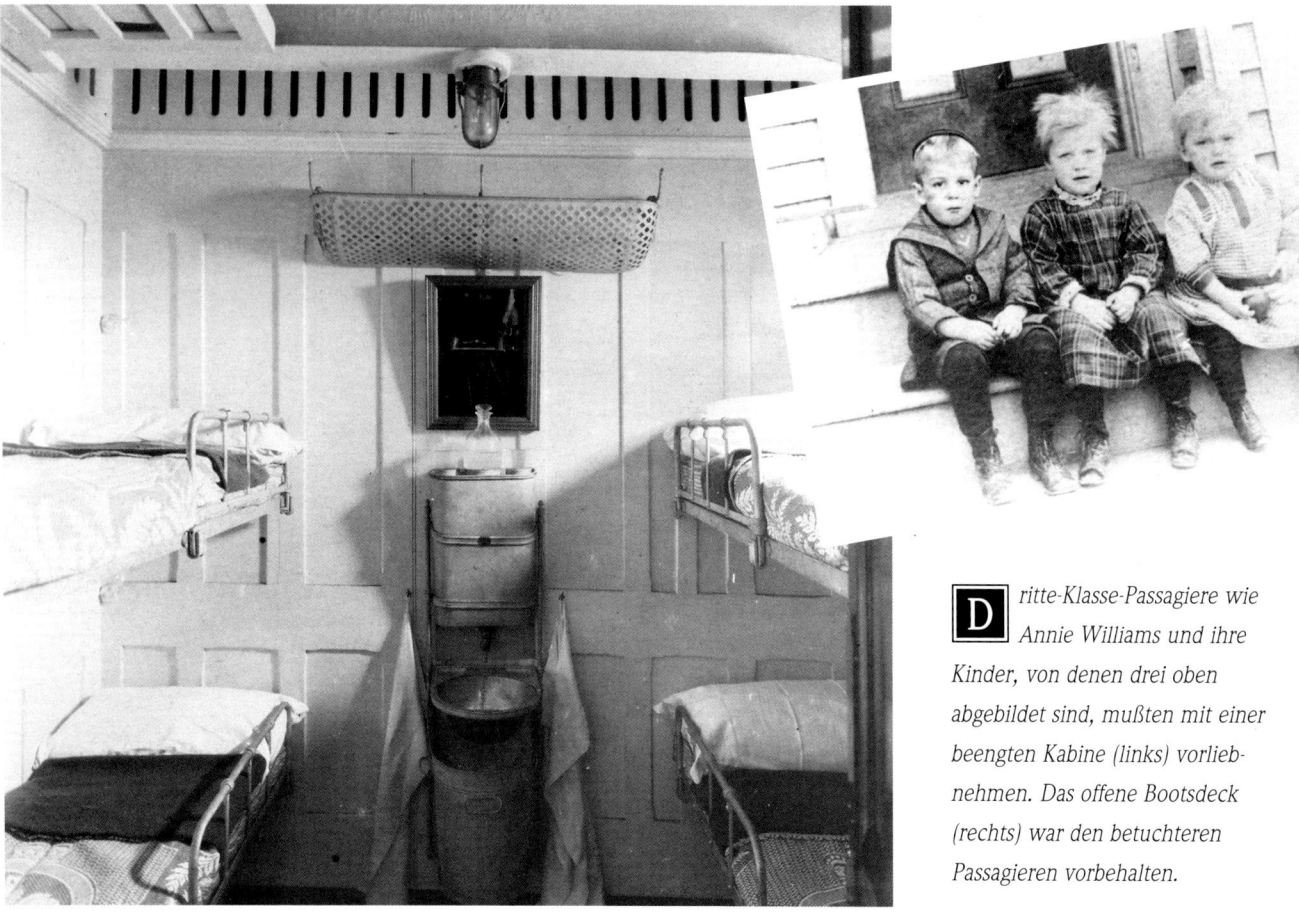

D ritte-Klasse-Passagiere wie Annie Williams und ihre Kinder, von denen drei oben abgebildet sind, mußten mit einer beengten Kabine (links) vorliebnehmen. Das offene Bootsdeck (rechts) war den betuchteren Passagieren vorbehalten.

Es ging auf zwölf Uhr zu, und die Passagiere waren fast alle abgefertigt. In der Salon-Klasse reisten 291 Passagiere – bei weitem keine Vollbelegung (das Schiff hatte in der ersten Klasse für 552 Personen Platz), aber angesichts der Zeiten doch ganz respektabel. Die zweite Kabine, die für 460 Menschen gedacht war, platzte mit 601 Passagieren aus allen metallischen Nähten; die ungewöhnlich große Anzahl von Kindern verringerte die Überfülle allerdings ein wenig, da viele von ihnen die Kabine ihrer Eltern teilten. Die große Überraschung war die dritte Klasse, die nur mit 373 Passagieren belegt war statt der möglichen 1186.

cs

Seit Wochen schon war das Gerücht im Umlauf, dass die Deutschen entschlossen waren, die *Lusitania,* den Stolz der britischen Handelsflotte, zu vernichten. Manche sagten, sie würden es im Hafen versuchen, wahrscheinlich in New York, weil es dort für Saboteure wesentlich einfacher war, an Bord zu gelangen, als in Liverpool. Cunard hatte daraufhin die Sicherheitsvorkehrungen auf Pier 54 verstärkt. Wachmänner patrouillierten Tag und Nacht, und niemand kam ohne einen Passierschein auf das Schiff oder von ihm herunter. Andere sagten, die Deutschen würden es nicht im Hafen versuchen, sondern irgendwo auf der Route über den Atlantik eine Rotte U-Boote auf die Lauer legen. Die Fahrzeiten waren kein Geheimnis; die Listen wurden in jeder großen Tageszeitung abgedruckt.

Für die meisten Passagiere der *Lusitania* war die bevorstehende Reise jedoch eine ganz normale Überfahrt. Sie hatten, im Gegensatz zu Alfred Vanderbilt und Charles Frohman, keinen anonymen Hinweis erhalten. Die deutsche Drohung, das Schiff zu versenken, war ihnen unbekannt. Sie erwarteten eine angenehme Reise in den Frühling.

cs

Einen Tag bevor die *Lusitania* New York verlassen sollte, lief an der deutschen Nordseeküste ein U-Boot aus dem Hafen von Emden aus und fuhr in Richtung Nordwesten. Die Zahl 20 an seinem Bug kennzeichnete es als *U-20.* Sein Kommandant war Kapitänleutnant Walther Schwieger. *U-20* hatte eine ausgedehnte Patrouillenfahrt vor sich, die es einmal um die Britischen Inseln herumführen würde, um dann

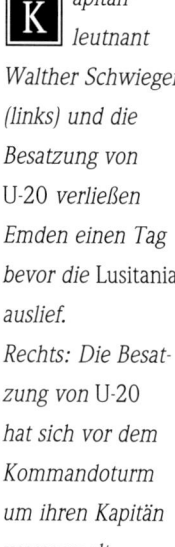

Kapitänleutnant Walther Schwieger (links) und die Besatzung von U-20 verließen Emden einen Tag bevor die Lusitania auslief.
Rechts: Die Besatzung von U-20 hat sich vor dem Kommandoturm um ihren Kapitän versammelt.

zu wenden und seinen vorgesehenen Posten in der Irischen See vor Liverpool einzunehmen. Alles in allem würde es eine Fahrt über rund fünftausend Kilometer sein.

In jener Phase des Krieges waren Truppentransporter die Hauptziele von U-Booten. Die Alliierten hatten riesige Truppenkontingente für den Angriff auf die türkische Halbinsel Gallipoli zusammengezogen, dessen strategisches Ziel die Einnahme von Konstantinopel war, dem heutigen Istanbul. Es war ein kühner Plan, der, wenn er Erfolg hatte, die Türkei aus dem Krieg ausschalten und so den militärischen Druck auf Rußland verringern würde. Aufgabe von *U-20* und anderer U-Boote war es, den Nachschub an Truppen und Material zu den Dardanellen zu unterbrechen.

Die Fahrt ging zunächst nach Nordschottland, anschließend zwischen den Orkney- und den Shetland-Inseln westwärts und dann nach Südwesten um Irland herum. Schwieger, ein blonder, breitschultriger Mann von dreißig Jahren, war ein fähiger Kommandant, der von seiner Besatzung gemocht und respektiert wurde. Er stammte aus einer bekannten Berliner Familie und war seit über zehn Jahren bei der Marine. Die höheren Offiziere betrachteten ihn als einen der hellsten Köpfe der U-Bootwaffe.

Der von Natur aus freundliche Schwieger sorgte mit Bedacht für gute Laune an Bord. Ihm war klar, wie wichtig eine harmonische Atmosphäre in den beengten Verhältnissen des 650-Tonnen-Boots war. Vierzig Männer mußten in der übelriechenden, beengten Stahlröhre miteinander auskommen, und das hatte seine Tücken. Komfort und Bequemlichkeit waren Fremdworte in U-Booten. Für ihre Erbauer waren die Besatzungsmitglieder lästige Störfaktoren, Körper, die in jeden Raum gezwängt werden konnten, der übrigblieb, nachdem Technik und Vorräte untergebracht waren. Am Beginn der Reise gab es besonders wenig Platz, weil jeder Winkel mit Kartons voller Konserven und anderer Lebensmittel vollgestopft war. Man mußte schon einem besonderen Menschenschlag angehören, um in der von Tag zu Tag stärker und übler stinkenden Feuchtigkeit an Bord in den Krieg zu ziehen. Die Körperausdünstungen wären nicht auszuhalten gewesen, wenn man nicht bald bemerkt hätte, daß sie nicht mehr von den anderen Angriffen auf die Sinne zu unterscheiden waren: der betäubenden Hitze, die sich mit klirrender Kälte abwechselte, dem fauligen Bilgenwasser, in dem man watete, dem Schimmel und Moder, der sich auf allem und jedem festsetzte.

Während sich die Lusitania *in New York auf die Abfahrt vorbereitete, fuhr* U-20 *in Richtung Norden. Ziel waren die Gewässer vor Liverpool, aber um der britischen Marine auszuweichen, mußte* U-20 *die Britischen Inseln umrunden und durfte nur nachts auftauchen.*

An der Oberfläche zu fahren (was alle paar Stunden notwendig war, um die Batterien, die für die Unterwasserfahrt benutzt wurden, aufzuladen) galt da als willkommene Abwechslung. Die frische Luft nahm einen Teil des Gestanks, der sich ein für allemal in die schwitzenden Stahlwände gefressen zu haben schien, mit sich, und bei gutem Wetter wurden die Bedingungen fast erträglich, wenn man eine Stunde mit geöffneten Luken gefahren war. Aber das Wetter spielte selten mit; für gewöhnlich mußte man, wenn man auftauchte, damit rechnen, daß die See kabbelig oder vollends feindselig war. Unter solchen Bedingungen wurde das U-Boot zu einem störrischen Metallpferd, das eine beängstigende Vielzahl scharfer Kanten besaß, an denen sich die Männer regel-

Die Lusitania *am Pier auf dem Hudson River.*

mäßig blaue Flecken und manchmal sogar Knochenbrüche zuzogen. Man mußte seine Pflichten mit einer Hand erledigen, während man sich mit der anderen an irgendein Gerät, ein Einrichtungsstück oder einen Kameraden klammerte. Oben auf dem Turm waren die Ausgucks zur gleichen Zeit den stechenden Spritzern der Gischt und dem unermüdlichen Ansturm des Windes ausgesetzt.

Nur wenn das Boot getaucht war, trat Frieden ein. Egal, wie stürmisch es an der Oberfläche sein mochte, unten herrschte immer Ruhe. Das U-Boot konnte geruhsam durchs Wasser gleiten, während das Periskop aus der aufgewühlten See herausschaute, ständig sich drehend, stets auf der Suche nach Gefahr oder Beute.

Drittes Kapitel

Die letzte Ausfahrt

DER TRÄGE DAHINFLIESSENDE HUDSON RIVER SCHÄUM-te unter dem Heck auf, als die Turbinen die massigen Propeller des Schiffs in Bewegung versetzten. Mitzuerleben, wie sich die *Lusitania* vom Pier löste, war, als würde man einem Häuserblock zusehen, der sich aus seinen Fundamenten löst. Hunderte von Passagieren säumten die Reling, winkten hinunter, fotografierten, einige lachend, andere weinend.

In der Mitte des Flusses schlossen drei Schlepper zur *Lusitania* auf. Wie spielende Junge, die sich an ihre Mutter drängten, stubsten und zerrten sie am Bug des Ozeanriesen, bis er flußabwärts zeigte. Da war es also, eines der größten und schnellsten Linienschiffe auf dem Atlantik, bereit, nach England zu dampfen, ganz gleich, ob nun Krieg war oder nicht – eine schöne, stolze Verkörperung britischen Selbstvertrauens.

Auf dem Pier und an Bord winkten immer noch ganze Wälder von Händen, an denen Taschentücher flatterten wie winzige Fahnen. Die Menschen bemühten sich, ihre Freunde und Verwandten so lange wie möglich im Blick zu behalten. Aber die Gesichter wurden nach und nach zu kleinen rosa Flächen, die nicht mehr zu unterscheiden waren. Die Taschentücher verschwanden eins nach

dem anderen. Die Schauerleute wandten sich ab und strichen die *Lusitania* aus ihren Gedanken. Sie war weg; jetzt waren andere Schiffe dran.

An Bord des Ozeanriesen gingen die Menschen auseinander. Es war merklich kühler geworden, seit das Schiff das Pier verlassen hatte. New York, die geschäftige, strebsame Metropole, grell und grob, dennoch übervoll von Ideen und Chancen, verschwand aus dem Blickfeld. Margaret Mackworth befand sich in dem klassischen Dilemma der Reisenden: Sie sehnte sich in ihr heimatliches Wales zurück, war aber trotzdem aufrichtig betrübt, abzureisen. New York hatte ihren Horizont genauso erweitert wie ihre Erlebnisse mit den Suffragetten in den letzten Friedensjahren. Die Erinnerungen waren noch lebendig: an ihre chronische Schüch-

H afenschlepper stoßen den Bug des Ozeanriesen in die richtige Richtung, flußabwärts. Um für deutsche Schiffe schwerer identifizierbar zu sein, waren die Schornsteine schwarz gestrichen und die Messingbuchstaben am Bug abgedeckt worden.
Vorhergehende Seite: Die fahnengeschmückte Lusitania in glücklicheren Vorkriegszeiten am ebenfalls mit Fahnen geschmückten Pier.

M öglicherweise ein Foto von der letzten Abfahrt (oben) mit amerikanischen Krankenschwestern, die nach Frankreich unterwegs waren. *Links: Die* Lusitania *auf dem Weg den Hudson River hinunter. Unten: Ein letzter Blick auf die Wolkenkratzer von New York.*

ternheit und die Qual, die es ihr bereitet hatte, an völlig Fremde heranzutreten, um ihnen Pamphlete zu übergeben und die brennende Frage des Wahlrechts für Frauen mit ihnen zu diskutieren, während ihre Kehle halb zugeschnürt und ihre Stimme kaum mehr war als ein heiseres Krächzen. Aber sie hatte nicht aufgegeben. Manche Passanten hatten sie beschimpft, andere ausgespuckt. Einmal war sie, sehr zur Wut und Verlegenheit von Sir Humphrey, verhaftet und für kurze Zeit eingesperrt worden, weil sie versucht hatte, einen Briefkasten in Brand zu setzen. Es war eine schreckliche Erfahrung gewesen, aber sie war mit einem neuen Vertrauen in sich selbst aus dem Gefängnis gekommen.

Diese Reise nach New York hatte weitere Wunder bewirkt. Es war wie ein Wirbelwind von Aktivitäten. Der Tag hatte den Geschäften gehört, die Abende und Wochenenden Dinnerpartys und Theaterbesuchen. Und was gab es in New York nicht alles an Unterhaltung. Irene und Vernon Castle in *Watch Your Step* im New Amsterdam, *A Celebrated Case* im Empire und Gott weiß, wie viele Theaterstücke und Musicals, Cabarets und Revuen noch. Die Vitalität von New York war ansteckend. Die Menschen schienen im Leben zu schwelgen, fröhlich und ausgelassen ihr Bestes zu geben, um andere zu überflügeln, höhere Wolkenkratzer zu bauen und größere Reklametafeln aufzustellen. Zuerst hatten sie diese Menschen abgeschreckt. Sie lebten in solcher Hektik, wirkten so materialistisch und blasiert. Aber dann hatte Margaret sie zu ihrer Überraschung als warmherzig und freundlich kennengelernt; sie hatten sie aufgenommen, als hätten sie sich schon ein Leben lang gekannt.

☙

Margaret Mackworth war nicht der einzige Passagier, der es bedauerte, New York zu verlassen. Zwei junge irische Reisende in der zweiten Klasse waren den Tränen nahe, als die Gebäude der Stadt an ihnen vorüberglitten. Würden sie New York jemals wiedersehen? Sie vermieden es, diese Frage auszusprechen. Julia Sullivan hatte fast zehn Jahre in Amerika gelebt. Am Anfang hatte sie für ein großzügiges altes Ehepaar auf Long Island gearbeitet. Die beiden hatten sie wie eine Tochter behandelt, waren mit ihr in den Urlaub gefahren und hatten sie ihren reichen Freunden vorgestellt. Sie hatten sich nicht eingemischt, als sie den jungen Flor (die Kurzform von Florence, einem verbreiteten Männernamen in Irland) Sullivan kennenlernte. Ganz im Gegenteil: Sie hatten ihm eine gute Arbeit als Barmann in einem New

Yorker Hotel besorgt. Die Sullivans liebten das aufregende Leben, das sie führten. Aber es war nicht von Dauer. Das alte Ehepaar starb im Abstand von ein, zwei Monaten, und Flor hatte einen Brief von seinem Vater in Irland erhalten. Er beschwor Flor, nach Hause zu kommen und sich um den Hof in Kerry zu kümmern. Weder Flor noch Julia wollten New York verlassen, aber am Ende war ihnen nichts anderes übriggeblieben. Sullivan senior starb. Die Alternative, vor der sie standen, war ebenso einfach wie grausam: Entweder sie gingen zurück, oder sie verloren den Hof.

Mit zusammengebissenen Zähnen wandten sich die Sullivans von der Reling ab und gingen zu ihrer Kabine hinunter.

☙

Die meisten Passagiere sahen das berühmte Schiff zum ersten Mal und brachen immer wieder in bewundernde Ohs und Ahs aus. Es war kaum vorstellbar, daß man sich an Bord eines Schiffs befand, und nicht in irgendeinem Luxushotel. Der prächtige zweistöckige Speiseraum der ersten Klasse mit seiner stuckverzierten Kuppel, die sich in über neun Metern Höhe über dem Fußboden spannte, hätte auch im Schloß von Versailles nicht fehl am Platz gewirkt. Der Salon und Musikraum an Deck hätte mit allem Drum und Dran aus einem der besseren Londoner Klubs stammen können. Es war eine siebzehn Meter lange und gut fünfzehn Meter breite spätgeorgianische Oase mit Polsterbänken und gewaltigen Sesseln. Die Wände waren mit Mahagoni getäfelt, und an beiden Enden des Raums thronten wie Wächter massive marmorne Kamine mit Stuckengeln, die ein wachsames Auge auf die Passagiere warfen, die dort Karten spielten oder einen Verdauungscognac tranken.

Die Ausstattung der Suiten und Kabinen der ersten Klasse war prachtvoll, wie es sich für das vornehmste Beförderungsmittel der Welt gehörte. In einer Zeit, in der ein Arbeiter zwanzig Dollar verdiente, verlangte Cunard viertausend Dollar für die einfache Passage in einer der luxuriösen Königssuiten. Dafür standen einem zwei Schlafzimmer, ein Salon sowie Bad, Ankleidezimmer und ein Speiseraum zur Verfügung, falls man es vorzog, in glanzvoller Einsamkeit zu speisen.

Die Annehmlichkeiten der zweiten Klasse waren vorzüglich, mit Speiseräumen und Salons, die ansprechender und besser möbliert waren als auf den meisten anderen Schiffen jene der ersten Klasse. Die vielen Träger, Winkel und anderen Vorrichtungen, die dazu dienten, die Vibration des Schiffs zu dämpfen, waren geschickt in die Gestaltung der Kabinen einbezogen worden. Kaum einem der Passagiere war bewußt, welch eine Schlacht die Schiffsbauer in dieser Hinsicht ausgefochten und gewonnen hatten.

Den Dritte-Klasse-Passagieren der *Lusitania* wurde jene

Z u den Annehmlichkeiten an Bord gehörten für die Passagiere der ersten Klasse ein Fahrstuhl (oben – fotografiert auf der *Mauretania*), ein überdachtes Promenadendeck (links) und ein eleganter, überkuppelter Speisesaal (gegenüberliegende Seite).

Nur auf den Bettüchern hatte sich die Reederei eine Verzierung erlaubt. Sie trugen das noble Cunard-Symbol, einen sprungbereiten Löwen mit einem Globus. Das auffällige Signet war allerdings nicht dazu gedacht, die Kabinen zu verschönern; es sollte die Passagiere vielmehr davon abhalten, sich bei der Ausschiffung mit Bettwäsche zu versorgen. Im vorderen Drittel des Schiffs, das bei rauher See noch heftiger schwankte als das Heck, schliefen bis zu acht Personen in einer Kabine. Der Speiseraum der dritten Klasse, in dem 350 Personen Platz fanden, besaß den ganzen Charme und Charakter eines Armeespeisesaals für Wehrpflichtige, bot aber Gerichte an, die, wenngleich keine gastronomischen Höhenflüge, doch von gleichbleibend guter Qualität waren. Die dritte Klasse war spartanisch, aber durch ein hervorragendes Preis-Leistungs-Verhältnis gekennzeichnet, was für viele Reisende den Ausschlag gab.

❧

EIN FREUNDLICHER STEWARD hatte sich die Zeit genommen, mit Avis Dolphin eine kurze Besichtigungstour durch die *Lusitania* zu unternehmen. Das riesige Schiff war das unglaublichste Ding, das sie jemals gesehen hatte. Es schien immer noch weiterzugehen. Endlose Korridore, ein Gewirr von Decks und Treppen (oder Niedergängen, wie sie sie nennen sollte), ein Spielzimmer für die Kinder, elektrische Aufzüge zwischen den Decks, turmhohe Masten und Schornsteine, makellos gekleidete Stewards mit leicht mißbilligendem Gesichtsausdruck, von goldenen Tressen und Ordensspangen übersäte Offiziere, hochnäsige Passagiere … es machte sie schwindlig. Selbst in ihren wildesten Träumen hätte sie sich niemals etwas so Grandioses und so Vornehmes vorstellen können.

Art von Anstaltsverpflegung und schnörkelloser Unterbringung zuteil, die einst das Los jedes Reisenden gewesen war, der sich über den Atlantik wagte. In der dritten Klasse war gar nicht erst der Versuch unternommen worden, vorzutäuschen, man befände sich zur Erholung in einem Landhaus. Überall Stahl – dick gestrichene Flächen, das Skelett des Schiffs, verschraubt und vernietet, für jedermann sichtbar.

CUNARD LINE

INDEPENDENCE DAY.
R.M.S. "LUSITANIA," SUNDAY, JULY 4th, 1909.

- · - LUNCHEON. - · -

Pate de Foie Gras

Clear Macaroni   Bordeaux Sardines   Norwegian Anchovies
Œufs—Meyerbeer   Hodge Podge
Hashed Venison   Perch—Meuniere   Ham Omelette
                        Croquette of Sweetbreads—Tomato Sauce
Dressed Cabbage   Roast Beef—Browned Potatoes
    Potatoes—Fried, Mashed, Baked Plain and Sweet Carrots—Francaise
          TO ORDER FROM GRILL—10 Minutes
Spring Chicken and Ham

                        COLD.
                    Mayonnaise of Lobster
Roast Beef   Cumberland Ham   Mutton Chops
Roast Chicken   Galantine of Turkey—Aspic Jelly Rolled Ox Tongue
        Lettuce   Leicester Brawn   London Pressed Beef
                    Tomatoes   Beetroot
Gooseberry Pudding   Potato Salad
            Macedoine of Fruits   Petits Fours
Cheese—Cream Cheshire Gorgonzola Wiltshire Stilton
Oranges   Ice Cream
        Apples   Bananas   Cherries
            Teas—Ceylon, China, and Blended
                    Assorted

ERSTE KLASSE

Unter der großen Kuppel bot der Speisesaal der ersten Klasse korinthische Säulen, Topfpalmen und (links) eine gediegene Speisekarte.

The Lounge,
S.S. LUSITANIA.

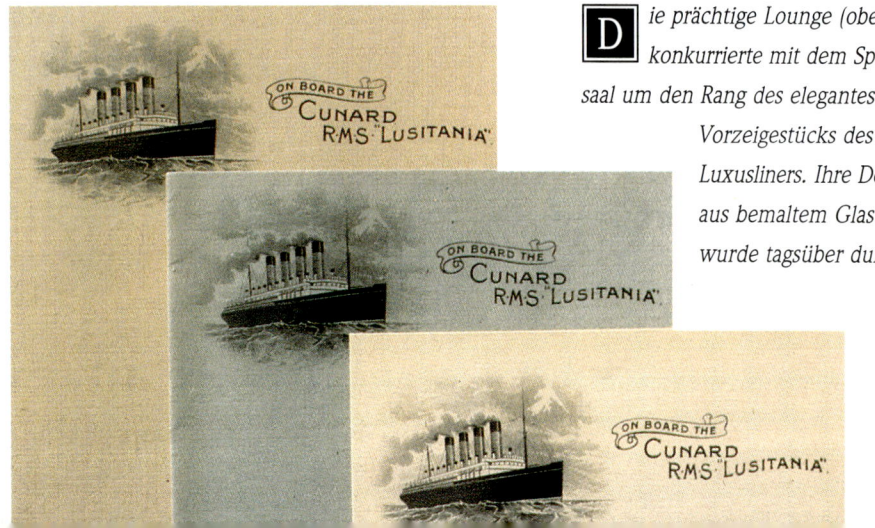

ON BOARD THE
CUNARD
R.M.S. "LUSITANIA"

ON BOARD THE
CUNARD
R.M.S. "LUSITANIA"

ON BOARD THE
CUNARD
R.M.S. "LUSITANIA"

Die prächtige Lounge (oben) konkurrierte mit dem Speisesaal um den Rang des elegantesten Vorzeigestücks des Luxusliners. Ihre Decke aus bemaltem Glas wurde tagsüber durch Oberlichter und abends durch Glühbirnen erleuchtet. Während ihnen Erfrischungen serviert wurden, konnten die Passagiere hier Karten spielen oder sich miteinander unterhalten. Ein überwiegend von Frauen genutzter Rückzugsort war das Lese- und Schreibzimmer (gegenüberliegende Seite links unten), wo man seine Eindrücke auf Lusitania-Briefbögen festhalten konnte (links).

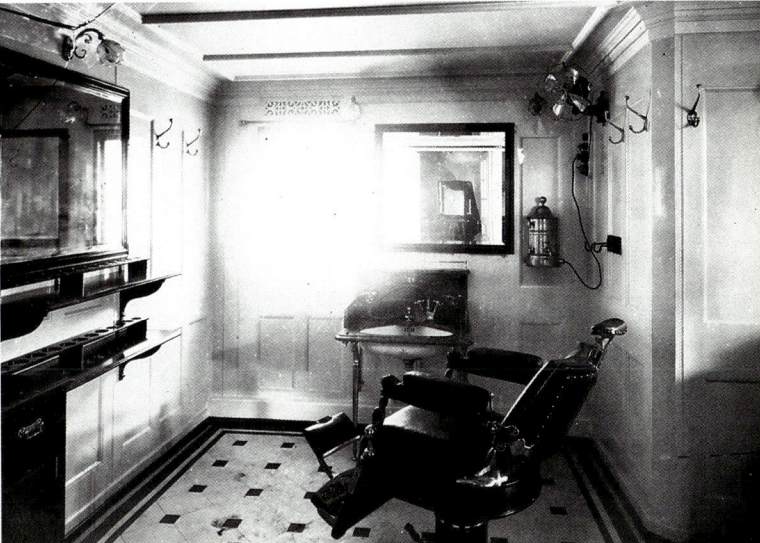

Die farbliche Gestaltung der Lounge gibt diese Postkarte wieder (oben), während die Postkarte darüber den Rauchsalon der ersten Klasse zeigt, der ebenso wie das Friseurgeschäft (unten) eine rein männliche Domäne war, in die Frauen sich nur selten verirrten.

Bei warmem Wetter konnten sich die Erste-Klasse-Passagiere im Veranda-Café (oben und unten) die Zeit vertreiben.

An schönen Tagen wurde eine Seite des Restaurants geöffnet, so daß es zum maritimen Gegenstück eines Straßencafés wurde.

VERANDAH CAFÉ, LUSITANIA AND MAURETANIA.

Die luftige Atmosphäre des Veranda-Cafés fand sich auch in anderen Teilen des Schiffs wieder, wie der großen Halle auf dem Bootsdeck (links).

ZWEITE KLASSE

Der Speisesaal der zweiten Klasse (oben) war ein schmuckloseres Abbild jenes der ersten Klasse, einschließlich eines offenen Lichtschachts in der Mitte des Raums. Dank der Maße der Lusitania waren diese Gemeinschaftsräume größer und ansehnlicher als auf vielen kleineren Schiffen die Räume der ersten Klasse. Das Speisenangebot (rechts) stellte sicher, daß keiner der Passagiere Hunger leiden mußte.

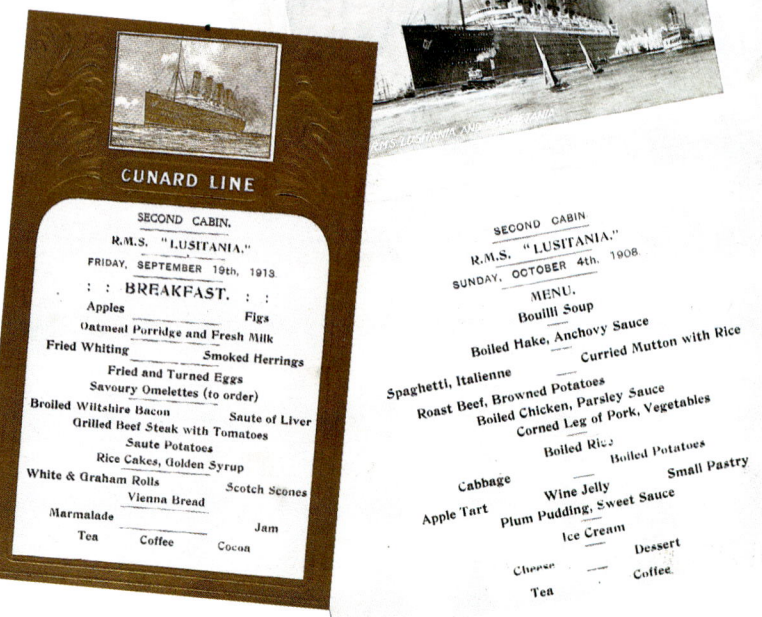

CUNARD LINE

SECOND CABIN.

R.M.S. "LUSITANIA."

FRIDAY, SEPTEMBER 19th, 1913.

: : BREAKFAST. : :

Apples   Figs

Oatmeal Porridge and Fresh Milk

Fried Whiting   Smoked Herrings

Fried and Turned Eggs

Savoury Omelettes (to order)

Broiled Wiltshire Bacon   Saute of Liver

Grilled Beef Steak with Tomatoes

Saute Potatoes

Rice Cakes, Golden Syrup

White & Graham Rolls   Scotch Scones

Vienna Bread

Marmalade   Jam

Tea   Coffee   Cocoa

SECOND CABIN

R.M.S. "LUSITANIA."

SUNDAY, OCTOBER 4th. 1908

MENU.

Bouilli Soup

Boiled Hake, Anchovy Sauce

Curried Mutton with Rice

Spaghetti, Italienne

Roast Beef, Browned Potatoes

Boiled Chicken, Parsley Sauce

Corned Leg of Pork, Vegetables

Boiled Rice

Cabbage   Boiled Potatoes

Apple Tart   Wine Jelly   Small Pastry

Plum Pudding, Sweet Sauce

Ice Cream

Cheese   Dessert

Tea   Coffee

Zu den Gemeinschaftsräumen der zweiten Klasse gehörte der Damensalon (rechts), der auf diesem Foto merkwürdigerweise überwiegend von Männern genutzt wird. Unten: Ein Briefbeschwerer, der im Friseurgeschäft der Lusitania als Souvenir verkauft wurde.

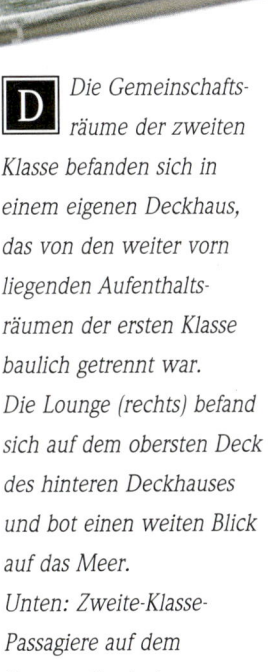

Die Gemeinschaftsräume der zweiten Klasse befanden sich in einem eigenen Deckhaus, das von den weiter vorn liegenden Aufenthaltsräumen der ersten Klasse baulich getrennt war. Die Lounge (rechts) befand sich auf dem obersten Deck des hinteren Deckhauses und bot einen weiten Blick auf das Meer. Unten: Zweite-Klasse-Passagiere auf dem Promenadendeck vor der Lounge.

DRITTE KLASSE

In der dritten Klasse war gar nicht erst der Versuch unternommen worden, das Schiff wie ein Hotel oder Landhaus aussehen zu lassen. Die Funktionalität der dritten Klasse wird in der von

CUNARD LINE

LUSITANIA
MAURETANIA
CAMPANIA

LIVERPOOL
QUEENSTOWN
NEW YORK

THIRD CLASS

SPECIMEN THIRD CLASS BILLS OF FARE

	BREAKFAST.	DINNER.	TEA.
Sunday	Oatmeal Porridge and Milk or Syrup, Light and Hard Boiled Eggs, Bread and Butter, Marmalade. Tea or Coffee.	Soup, Roast Beef, Potatoes and Vegetables, Bread Pudding, Fresh Fruit.	Tea, Mutton Chops, Bottled, Bread & Butter, Jam or Marmalade
Monday	Oatmeal Porridge and Milk or Syrup, Fried Fresh Fish, Broiled Beef Steak, Bread and Butter, Jam or Marmalade, Tea or Coffee.	Soup, Pot. Mutton, Vegetables, Pudding, Pickles.	Hot Potatoes and Rice Bread.	Tea, Boiled Eggs, Stewed Apricots and Rice, Bread and Butter, Jam or Marmalade.
Tuesday	Oatmeal Porridge and Milk of Syrup, Spiced Herrings, Haricot Mutton, Potatoes, Bread and Butter, Jam or Marmalade, Tea or Coffee	Pea Soup Boiled Beef, Vegetables and Potatoes, Stewed Prunes and Bread, Fresh Fruit. Rice.		Tea, Fried Fresh Fish, Bread and Butter, Jam or Marmalade.
Wednesday	Oatmeal Porridge and Milk or Syrup, Steak and Onions, Corned Beef, Dry Hash, Potatoes, Bread and Butter, Tea or Coffee, Jam or Marmalade.	Roast Pork and Apple Sauce, Potatoes and Green Peas, Suet Pudding.		Tea, Steak, Corned Beef, Bread & Butter, Cheese, Jam or Marmalade.
Thursday	Oatmeal Porridge and Milk or Syrup, Stewed Irish Stew, Corned Veal and Bread and Butter, Jam or Marmalade.	Soup, Steak & Kidney Pie, Potatoes, Vegetables, Sago Pudding, Bread, Pickles	Rice.	Tea, Sausages, Stewed Apples and Rice, Bread & Butter, Jam or Marmalade.
Friday	Oatmeal Porridge and Milk or Syrup, Salt Herrings, Liver and Bacon, Potatoes, Bread and Butter, Jam or Marmalade, Tea or Coffee.	Soup, Ling Fish and Egg Sauce, Vegetables, Potatoes, Vegetables, Bread and Butter Pudding, Fresh Fruit		Tea, Fish Cakes, Bread & Butter, Cheese, Marmalade.
Saturday	Oatmeal Porridge and Milk or Syrup, Steak and Onions, Potatoes, Savoury Omelette, Bread and Butter, Jam or Marmalade, Tea or Coffee.	Soup, Boiled Mutton, Caper Sauce, Potatoes, Vegetables, Stewed Prunes and Rice, Bread. Pickles		Tea, Corned Beef, Dry Hash, Curried Beans, Bread & Butter, Jam or Marmalade.

Supper Daily. Gruel at 8 p.m. if required. Chicken Broth, Beef Tea, and Jellies supplied to Invalids when required. Special Milk supplied to Infants and Invalids as required. The best quality of Cabin Bread, also Scandinavian Bread, supplied to Third Class Passengers. The Bills of Fare are varied daily at the discretion of the Chief Steward. Special attention is paid to the supplying of extra comforts for Women and Children and those who are sick.

The Provisions supplied are of the very best quality. They are examined when put on board by His Majesty's Medical Emigration Officers.

Cunard herausgegebe-
nen Broschüre deutlich
(links). Alles, von den
Treppen (rechts oben)
über das Rauchzimmer
(rechts Mitte oben) und
den Aufenthaltsraum
für Frauen (rechts Mitte
unten) bis hin zu dem
riesigen Speisesaal (links
und rechts unten), war
von einer robusten Karg-
heit geprägt, die einer
intensiven Nutzung
standhielt und einfach
zu pflegen war.

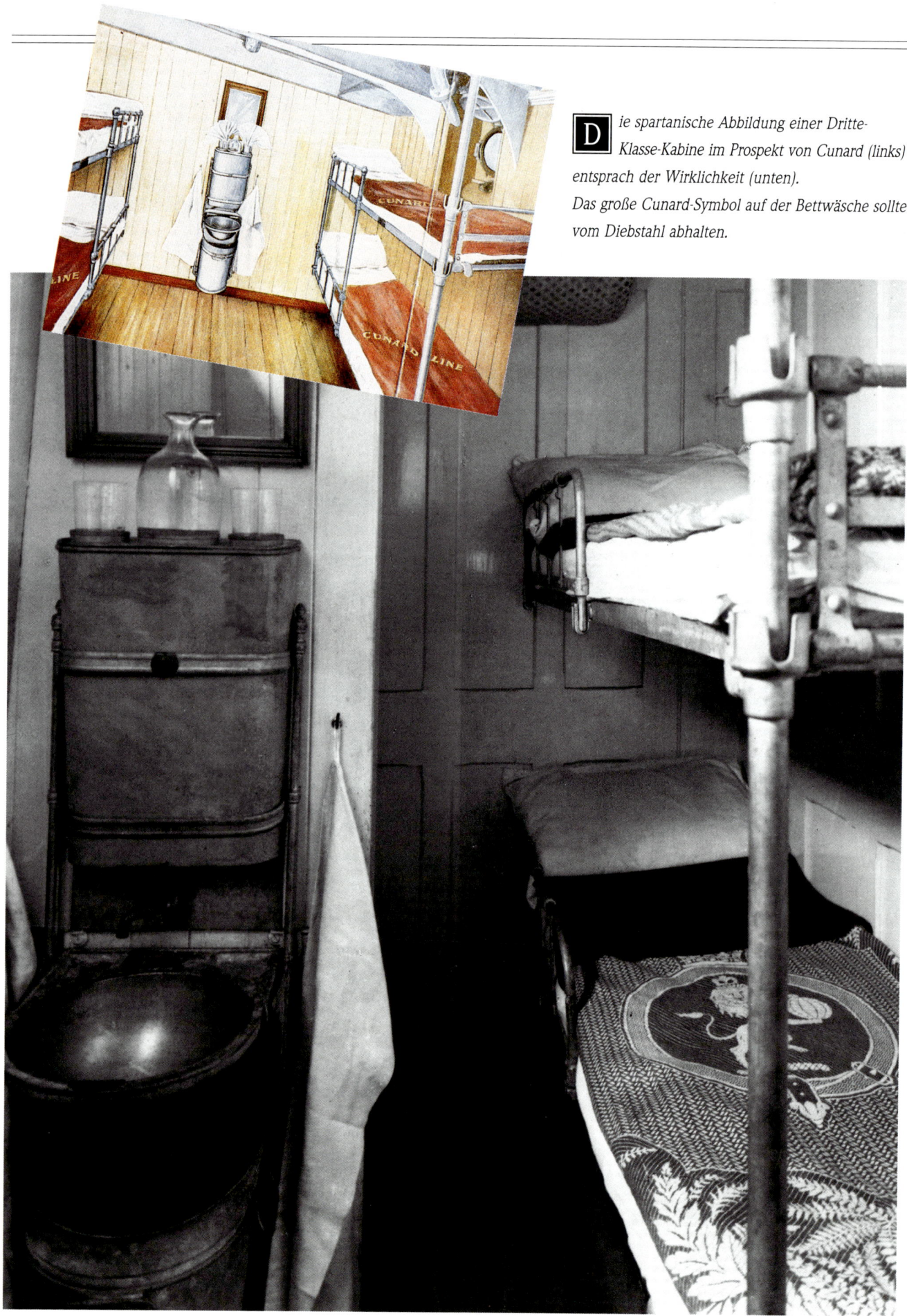

D ie spartanische Abbildung einer Dritte-
Klasse-Kabine im Prospekt von Cunard (links)
entsprach der Wirklichkeit (unten).
Das große Cunard-Symbol auf der Bettwäsche sollte
vom Diebstahl abhalten.

CHRISSIE AITKEN TEILTE IHRE ZWEITE-KLASSE-KABINE MIT einer großen, ziemlich abschreckend aussehenden Frau von ungefähr dreißig Jahren. Sie wirkte in sich gekehrt und schien wenig Interesse an Gesprächen zu haben, und so blieb Chrissie, als sie ihren Koffer auspackte, stumm, während im Hintergrund das Grummeln der Schiffsmotoren und die Stimmen von Leuten, die sich auf dem Korridor miteinander unterhielten, zu hören waren. Die Kabine war so schön wie alles an Bord dieses Juwels von einem Schiff, mit Mahagoniwaschbecken und getäfelten Wänden und hübschen dicken Wolltaftvorhängen, die man nachts vor sein Bett ziehen konnte, so daß man ein gemütliches kleines Abteil für sich allein hatte. Chrissie wünschte, ihr Vater, ihr Bruder Jarvie und der kleine Neffe, Jarvie junior, wären nebenan untergebracht. Ihre Kabine war nicht weit entfernt, aber das Labyrinth der Gänge auf diesem Schiffsgiganten hatte etwas Beängstigendes. Sie wünschte, sie hätte ein Telefon in der Kabine, so daß sie ihren Vater anrufen könnte, wann immer ihr danach war. In der ersten Klasse gab es Privattelefone, wie sie gehört hatte.

ⅇⅈ

KAPITÄN TURNER WAR ANGESICHTS SEINER MANNSCHAFT NICHT ganz wohl zumute. Die Offiziere waren fähige Männer, aber viele Matrosen wußten nicht einmal genau, wo Backbord und wo Steuerbord war; einige sprachen kaum englisch, und viele kannten sich auf dem Schiff nicht aus. In Friedenszeiten hätte er ihnen nicht einmal gestattet, die Gangway zu betreten, aber jetzt mußte er nehmen, was er kriegen konnte. Seit Kriegsausbruch waren die guten Männer nach und nach ausgesiebt worden. Die Marinereservisten waren zuerst gegangen – allesamt gute, erfahrene Seeleute, die zur Zeit nicht zu ersetzen waren. Um die Sache noch schlimmer zu machen, waren jedesmal, wenn das Schiff in New York die Anker lichtete, ein Dutzend oder mehr Leute verschwunden. Man konnte sich darauf verlassen, und je schlechter die Kriegsmeldungen wurden, desto mehr Leute wurden vermißt, wenn das Schiff die Rückreise nach Liverpool antrat. Sie nahmen ihren Lohn, und man sah sie nie wieder. Meistens junge, unverheiratete Männer, genau das, was Armee und Marine brauchten.

Der Erste Offizier John Anderson kam herein, ein stämmiger, liebenswürdiger Mann, dem als Turners Stellvertreter die spezielle Aufgabe zufiel, die Egos der Passagiere zu hegen und zu pflegen, und er war gut darin. Er besaß die Fähigkeit, stets das richtige Wort zur richtigen Zeit zu finden, und nahm Turner einen großen Teil der gesellschaftlichen Verpflichtungen ab. Er wußte, wer zählte und, was genauso wichtig war, wer nicht; wer eine Schwäche für Alkohol und/oder Glücksspiel hatte; oder wer es sich leisten konnte, saftige Schuldscheine auszuschreiben, und wer nicht. Turner hatte für solchen Unsinn nicht viel übrig. Er war Seemann, kein *maître d'*. Je weniger gesellschaftlicher Quatsch, desto besser.

Aber er entkam diesem Quatsch nicht völlig. Obwohl Anderson ihm die meisten Verpflichtungen abnahm, blieb noch das Abendessen am Kapitänstisch, durch dessen Hölle er auf jeder Fahrt pilgern mußte. Es war ein gesellschaftlicher Höhepunkt der Reise, ein Ereignis, zu dem eingeladen zu werden, alle Passagiere sich aus unerfindlichen Gründen drängten. Wenn sie wüßten, wie er das ganze unangenehme Theater haßte. Turners endgültige Auswahl der Gäste an seinem Tisch erfolgte danach, wen er als »sicher« einschätzte. Er hatte schon vor langer Zeit festgestellt, daß er sich mit einem Mann, der Automobile produzierte, einigermaßen vernünftig unterhalten konnte, mit einem Künstler oder Philosophen aber wenig gemeinsam hatte. Alfred Vanderbilt an seinem Tisch zu haben bedeutete wahrscheinlich kein Problem, aber Charles Frohman oder diesen Schreiberling, Hubbard, sollte er besser meiden. Mit einigen der reichsten und mächtigsten Leute der Welt zu Abend zu essen hatte einen Aspekt, der Turner amüsierte: Sie alle würden ihn an Land, wenn er statt der Uniform mit ihren goldenen Tressen einen einfachen blauen Sergeanzug trug, kaum beachten; sie würden ihn für irgendeinen Provinzler mit einem skurrilen Nordenglandnäseln halten. Das komische war, daß sie hier auf dem Schiff jedem seiner Worte um so aufmerksamer lauschten, je reicher sie waren. Es war, als säßen sie Nelson persönlich gegenüber. *Wie interessant, Kapitän. Wie fabelhaft Sie die Dinge beherrschen, Kapitän.* Zweimal war es sogar vorgekommen, daß Frauen – üppige, kräftig gebaute Exemplare – bei der Vorstellung vor dem Essen in einem grotesken Hofknicks die Knie gebeugt hatten. Dachten die armen, fehlgeleiteten Dinger wirklich, er wäre eine Art königlicher Hoheit?

Aber vielleicht war es gar nicht so abwegig. Er war, wenn auch nur für wenige Tage, die oberste Autorität in diesem schwimmenden Königreich, mit der Macht, Passagiere, die sich danebenbenahmen, einzusperren, sie alle in den Ab-

59

grund zu reißen, wenn er sich verkalkulierte, und sogar mit der Befugnis, Trauungen durchzuführen, wenn jemand darauf bestand, obwohl die Rechtsgültigkeit der Zeremonie an Land fragwürdig war.

∞

Beim ersten Abendessen an Bord ging es für gewöhnlich recht formlos zu. Abendkleidung war nicht erforderlich, da die meisten Passagiere nicht die Zeit gehabt hatten, fertig auszupacken.

Als Margaret Mackworth zusammen mit ihrem Vater den prächtigen Speisesaal betrat, fragte sie sich, wer wohl ihre Tischgenossen sein würden. Auf der Überfahrt nach New York hatte sie ein Barracuda von Frau aus Golders Green, einem Vorort von Nordwest-London, gelangweilt, die unablässig mit ihrem Mann prahlte, der irgend etwas unglaublich Bedeutendes an der britischen Botschaft in Washington war. Wenn man ihr glauben wollte, war ihr Mann der Dreh- und Angelpunkt der britisch-amerikanischen Beziehungen; Präsident Wilson (»ein leidlich angenehmer Mann«) traf keine Entscheidung, ohne sich vorher mit ihm zu besprechen.

Diesmal erwies sich das Schicksal als gnädig. Margaret und ihr Vater teilten ihren Tisch mit einem Arzt namens Howard Fisher und seiner Schwiegertochter Dorothy Conner, einer Krankenschwester. Das Ziel ihrer Reise war Frankreich, wo sie ein Feldlazarett eröffnen wollten. Sie waren eine angenehme Abwechslung unter all den anderen Salon-Passagieren, die nichts anderes zu interessieren schien als ihre Familien und deren Beziehungen oder ihre Geschäfte und deren Profitabilität. Margaret und ihr Vater mochten die beiden Amerikaner auf den ersten Blick, und es dauerte nicht lange, bis sich die vier über das in den Morgenzeitungen abgedruckte Inserat der deutschen Botschaft lustig machten. Sie stimmten darin überein, daß es keinen Grund gab, sich Sorgen zu machen; die Anzeige war nur ein plumper Versuch, Angst und Unsicherheit zu verbreiten.

Cunard bot als Souvenir Logbücher an, in denen die Passagiere ihre Reiseeindrücke festhalten konnten.

»Aber ich hoffe, daß wir irgend etwas Aufregendes erleben werden«, sagte Dorothy grinsend. »Es wäre doch zu schade, nach Hause zu kommen und zugeben zu müssen, daß die Reise nicht mehr Kribbeln verursacht hat als eine Fahrt nach Coney Island.«

Ein Mann im Cunard-Büro hatte Howard Fisher gesagt, er könne sich darauf verlassen, daß die britische Marine die Lusitania eskortieren werde, sobald sie in gefährliche Gewässer komme. »Sie wird es keinem feindlichen Schiff erlauben, sich ihr bis auf Sichtweite zu nähern«, hatte er erklärt. »Im übrigen gibt es kein feindliches Schiff, das schnell genug wäre, um es mit ihr aufzunehmen. Sie ist absolut sicher. Darauf können Sie bauen.«

Der Mann hatte geklungen, als wäre schon der Gedanke an einen feindlichen Angriff auf den Luxusliner taktlos.

∞

Die schwimmende Gemeinschaft gewöhnte sich schnell an das Leben an Bord. Es war etwas an Schiffen, das dazu führte, daß sich schmale Brustkörbe dehnten, etwas, das Männer mittleren Alters mit überwiegend sitzender Lebensweise plötzlich das Bedürfnis verspüren ließ, über das Promenadendeck zu wandeln und die frische Seeluft einzusaugen, um ihre von der Stadt verpesteten Eingeweide zu reinigen. Es war ein Anregungsmittel für den gesamten Organismus. Die Seeluft steigerte den Appetit (solange die See freundlich blieb), so daß man enorme Mengen der teuflisch verführerischen Gerichte verschlingen konnte, von denen die ausgezeichnete Küche des Schiffs überquoll: Gegrilltes und Geröstetes, Filet mignon, Kapaun, Muscheln und Austern, Hummer und Krabben, Eier in allen möglichen Varianten – weich gekocht, mit Butter angerichtet, in Sahne oder Semmelmehl gebacken, pochiert – warme Brötchen, Teegebäck und Torten aus der schiffseigenen Bäckerei, Käse mit Namen wie Camembert und Chavignol, Kasseri und Kefalotir. Das Schiff war das reinste Schlaraffenland.

Das Vergnügen an den Dingen war an Bord eines Schiffs so viel intensiver als an Land. Man entdeckte die Freuden

Passagiere während einer Vorkriegsüberfahrt auf dem Bootsdeck, das so genannt wird, weil sich dort die Rettungsboote befinden.
Als größte Freifläche des Schiffs war das Bootsdeck bei gutem Wetter ein beliebter Aufenthaltsort.

von Tango und Foxtrott wieder und staunte über die Begabung dieses unverschämten Somerset Maugham, den man zu Hause zutiefst verabscheut hatte. Die Schiffskonzerte, in denen (dank der Passagierliste) häufig die besten Solisten der Welt auftraten, präsentierten daneben zwar auch viele Möchtegernkünstler, die bei weitem mehr Frechheit als Talent besaßen. Aber man fand sie in dem nachsichtigen, gutgenährten Zustand, den das Schiffsleben bewirkte, trotzdem höchst unterhaltsam. Man schlief an Bord besser; wenn man sich, gemütlich in eine Decke gehüllt, mit einem guten Roman in einen Liegestuhl an Deck legte, nickte man oft genug ein und wachte erst wieder auf, wenn der Steward eine Tasse mit dampfender Brühe brachte, damit man bis zum Mittagessen durchhielt. Und es war nicht zu leugnen, daß man wesentlich geistreicher wurde, sobald man auf See war. Lag es an der unablässigen Brise, die die Hirnzellen anregte? Oder an der Bewegung der Wellen? Oder lag es daran, daß man endlich einmal die Zeit hatte, sich ganz der Aufgabe zu widmen, seine Mitmenschen zu amüsieren? Auf See zu sein schien dem Leben eine besondere Würze zu

geben. Kein Wunder, daß zufällige Schiffsbekanntschaften dazu tendierten, schwerwiegendere Bedeutung anzunehmen. Die Frau, die man an einem feuchten Tag in der Londoner Lower Regent Street als erfreulichen Anblick begrüßt hätte, konnte auf einem Schiffsdeck im Nu zur großen Liebe werden. Die Augenblicke nahmen eine gewisse Magie an. Wenn man an Land ging, rückten die Dinge allerdings wieder an ihren normalen Platz zurück, sosehr man sich auch bemühen mochte, die Magie zu bewahren. Erfahrene Atlantikreisende kannten dieses Gefühl gut.

☙

BISHER WAR DIE ÜBERFAHRT NUR VON EINEM EINZIGEN Zwischenfall getrübt worden. Bald nach der Abfahrt aus New York stolperte ein Offizier im Hauptlagerraum über drei junge Männer, die weder Besatzungsmitglieder waren noch Passagiere. Sie hatten keine Papiere, und außer Gesten und unverständlichem Gebrabbel war nichts aus ihnen herauszubekommen. Waren sie gewöhnliche blinde Passagiere? Oder vielleicht potentielle Saboteure?

Turner befahl, das Schiff von vorn bis hinten zu durchsu-

Oben: Die Rettungsboote werden im Hafen geprüft. Die Lusitania hatte genügend Rettungsboote an Bord (unten), aber den Passagieren war nicht mitgeteilt worden, zu welchem Boot sie sich im Notfall begeben sollten.

chen, aber es wurde kein Sprengstoff gefunden. Wenn das mysteriöse Trio aus Saboteuren bestand, war ihre Mission fehlgeschlagen.

Der Kapitän dachte nicht daran, seine Zeit mit ihnen zu verschwenden. »Sperrt sie in die Zellen«, befahl er. Sollten die Behörden in Liverpool die Sache klären.

Von diesem Vorfall abgesehen, verlief die Überfahrt ruhig. Das Wetter hielt, bis auf einige Nebelbänke, die man zu dieser Jahreszeit erwarten durfte, keine Überraschungen bereit, und so dampfte die *Lusitania* ungestört über den Ozean. Die Tage vergingen – Stunden des Vergnügens und des Wohllebens für die Passagiere und harter Arbeit bis spät in die Nacht für die Besatzung. Jenen, die die Weltereignisse verfolgten, servierte die Schiffszeitung zu heißen Brötchen und Kaffee eine durch und durch optimistische Version der täglichen Geschehnisse. Der Dardanellenfeldzug verlief gut, an der Westfront wurden bedeutsame Fortschritte erzielt; unsere Seite zeigte sich der anderen in jeder Hinsicht überlegen. Die Cunard-Welt war rundum in Ordnung.

ↄↄ

AVIS DOLPHIN HATTE EINEN SACHBUCHAUTOR kennengelernt, eine Koryphäe auf dem Gebiet der klassischen Literatur namens Ian Holbourn, einen Gelehrten mit breitem schottischem Akzent und Tweedanzug. Er kehrte von einer Lesereise durch Amerika nach Hause zurück. Avis war zuerst etwas eingeschüchtert, stellte aber bald fest, daß Holbourn ein freundlicher Mann war. Er sagte, sie hätten etwas gemeinsam: Sie reisten beide ohne die Begleitung eines Familienangehörigen. Er hoffe, sie während der Reise noch öfter zu treffen.

Unter den Passagieren hatten sich einige Romanzen angebahnt. Abends konnte man an Deck in dunklen Ecken Paare sehen, die ein paar Minuten für sich sein wollten. Andere krochen in die Rettungsboote, aber man mußte kein Sherlock Holmes sein, um sie zu entdecken. Die Segeltuchabdeckungen der Boote verrieten sie. Eine faltige Ecke war ein sicherer Hinweis darauf, daß sich ein Liebespärchen darunter befand. Die Abdeckungen waren von außen leicht zu öffnen, aber von innen nur schwer zu verschließen. Ein kräftiger Schlag auf das Boot trieb das Paar schnell hinaus, und dann standen sie mit zerwühlten Frisuren und hoch-

Ian Holbourn.

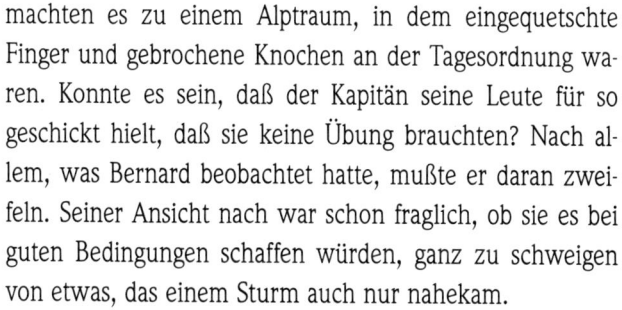

roten Gesichtern da und dachten unweigerlich, sie wären die ersten, die man in einem Rettungsboot aufgestöbert hatte. Es ernüchterte sie meistens ein wenig, wenn sie hörten, daß es ausnahmslos auf jeder Fahrt geschah.

Die Rettungsboote rückten auch aus anderen Gründen in den Mittelpunkt des Interesses. Obwohl das Schiff genügend Boote an Bord hatte (eine direkte Folge der Untersuchung, die das britische Handelsministerium 1912 über die Katastrophe der *Titanic* durchgeführt hatte), dachte mehr als ein Passagier laut darüber nach, ob die Besatzung in der Lage war, sie zu Wasser zu lassen. Oliver Bernard, der Bühnenbildner, war in seiner Jugend ein oder zwei Jahre zur See gefahren, und er wußte, wie gewissenhaft auf anderen Schiffen der Notfall geprobt wurde. Auf der *Lusitania* jedoch wurden, wie Bernard auffiel, immer dieselben zwei Boote benutzt, eines auf der Steuerbord- und eines auf der Backbordseite. Auf ein Signal hin kletterten die Matrosen in die Boote, legten ihre Schwimmwesten an und stiegen dann wieder aus. Die Boote wurden nicht einmal andeutungsweise herabgelassen, was Bernard verwunderte. Seiner Erfahrung nach war das der schwierigste Teil des ganzen; es erforderte viel Disziplin und Übung, die Leinen abzurollen und das schwere Boot unter Kontrolle zu behalten, während es quietschend und ächzend zu Wasser gelassen wurde, und rauhe See oder starker Wind machten es zu einem Alptraum, in dem eingequetschte Finger und gebrochene Knochen an der Tagesordnung waren. Konnte es sein, daß der Kapitän seine Leute für so geschickt hielt, daß sie keine Übung brauchten? Nach allem, was Bernard beobachtet hatte, mußte er daran zweifeln. Seiner Ansicht nach war schon fraglich, ob sie es bei guten Bedingungen schaffen würden, ganz zu schweigen von etwas, das einem Sturm auch nur nahekam.

Am vierten Tag der Reise äußerten mehrere Salon-Passagiere Kapitän Turner gegenüber ähnliche Sorgen. Einer wies darauf hin, daß keinem der Passagiere gesagt worden war, was er tun mußte, wenn eine Katastrophe eintreten sollte. Zwar hingen überall an Bord Listen mit den Rettungsbootposten der Besatzung aus, aber Verhaltensmaßregeln für die Passagiere waren nirgendwo angeschlagen. Sollten sie einfach ins nächste Boot springen und das Beste hoffen? Kapitän Turner tat die Sorgen seiner Passagiere mit der üblichen Versicherung ab, daß die *Lusitania* für U-Boote zu schnell sei. Außerdem habe man genügend Rettungsboote an Bord. In dem unwahrscheinlichen Fall, daß sie gebraucht wurden, würden die Besatzungsmitglieder dafür sorgen, daß jeder Passagier einen Platz bekam und ausreichend Verpflegung und Hilfsmittel erhielt.

❧

In Kaptänleutnant Walther Schwieger machten sich Frustration und Ungeduld breit. Drei Tage waren vergangen, drei Tage voller Anspannung und Gereiztheit, mit ständigem Alarm und nachfolgendem Schnelltauchen. Und nichts, aber auch gar nichts war erreicht worden! Überall waren feindliche Zerstörer, deren Kapitäne geradezu versessen darauf waren, U-Boote zu rammen, sie mit ihrem mörderischen Bug aufzuschlitzen und sterbend zurückzulassen. Schwieger wünschte, jemand würde ein U-Boot mit einem tödlichen Bug entwickeln; er hätte es den Zerstörern nur zu gern mit ihren eigenen Waffen heimgezahlt.

Mit der Besatzung hatte er trotz des ausbleibenden Erfolgs keine Probleme. Es waren verläßliche Männer mit starken Nerven und freundlichem Wesen, Eigenschaften, die im vollgestopften, stinkenden Bauch eines U-Boots gleich wichtig waren. Kluge Kommandanten behielten ihre Männer sorgfältig im Auge, um auf jedes Anzeichen von Überanstrengung reagieren zu können. Furcht war ansteckend wie eine Erkältung und das Selbstvertrauen einer Besatzung so zerbrechlich wie eine Eierschale − oder eine U-Boothülle.

Gestern hatte Schwieger einen 2000-Tonnen-Frachter im Periskop gehabt und mehrere Minuten lang beobachtet, ebenso wie Lenz, der Steuermann, der normalerweise jedes Schiff beim ersten Blick identifizieren konnte. Dieses fuhr unter dänischer Flagge, aber die Engländer hatten keine Skrupel, fremde Fahnen aufzuziehen. Die amerikanischen *Stars and Stripes* waren besonders beliebt. Schwieger wußte, daß es richtig gewesen wäre, das Schiff zu stoppen, an Bord zu gehen und es zu durchsuchen. Aber solche altehrwürdigen Prozeduren waren in den letzten Monaten zu selbstmörderischen Unternehmungen geworden. Zu viele Handelsschiffe hatten hinter ihren Luken oder vorgetäuschten Deckladungen Kanonen versteckt, die meistens größer waren als die von U-Booten. In einem Artillerieduell zwischen einem U-Boot und einem bewaffneten Frachter lagen die

Vorteile eindeutig bei dem Überwasserschiff. Obwohl Schwieger keine Waffen an Bord des Schiffs sehen konnte, hatte er nicht vor, sein eigenes und das Leben seiner Mannschaft aufs Spiel zu setzen, wenn er nicht sicher war.

Schwieger glaubte, ein britisches Schiff vor sich zu haben. Lenz pflichtete ihm bei, und so gab er den Angriffsbefehl. Die Bedingungen waren ausgezeichnet. Es war ein sauberer Schuß aus guter Position. Auf dem Schiff hatte offenbar nie-

Z u der Zeit, als sich die Lusitania *den gefährlichen Gewässern um die Britischen Inseln näherte (oben),* hatte U-20 *Irland umrundet und befand sich auf der Suche nach Opfern.*

mand das U-Boot bemerkt; der Frachter blieb auf seinem Kurs. Das ganze lief auf eine praktische Anwendung der Geometrie hinaus: Man mußte die Geschwindigkeit des Frachters und die des Torpedos schätzen und berechnen, wo beide aufeinandertreffen würden.

Bei einer Entfernung von dreihundert Metern gab Schwieger den Feuerbefehl. Nichts passierte. Kein Zischen von Druckluft. Keine Blasenbildung. Stille.

Eine verdammte Fehlzündung! Jetzt steckte der Torpedo vollkommen nutzlos im Rohr, mehr noch, er war eine haarsträubende Gefahr: Er konnte jeden Augenblick explodieren und das Boot in die Tiefe schicken. Der Besatzung blieb nur die Hoffnung. Im Durchschnitt versagten über fünfzig Prozent der Torpedos. War es zuviel verlangt, funktionierende Torpedos zu fordern?

U-20 setzte seine Fahrt fort.

DER KRIEG
AUF SEE

Der Kriegsausbruch von 1914 war der Höhepunkt von Spannungen gewesen, die seit über zwanzig Jahren zwischen Großbritannien und Deutschland geherrscht hatten. Sie reichten in das Jahr 1888 zurück, als der jähzornige Friedrich Wilhelm Viktor Albert als Wilhelm II. zum deutschen Kaiser gekrönt worden war. Bald darauf hatte er ein Programm zum Ausbau der kaiserlichen Marine aufgelegt. »Wilhelms fixe Idee ist es, eine Marine zu haben, die größer und stärker ist als die Royal Navy«, sagte seine Mutter in nachsichtigem Ton zu einem Verwandten, so als ginge es um das jüngste Hobby ihres Sohns.

Das maritime Wettrüsten hatte begonnen. Die erste Runde ging an Großbritannien, wo 1905 die *Dreadnought* gebaut wurde, ein schwerbewaffnetes Schlachtschiff mit Dampfturbinen, die denen der *Lusitania* ähnelten. Deutschland antwortete mit dem Bau ebenso mächtiger Kampfschiffe mit besserer Bewaffnung und stärkerer Panzerung.

Das Deutsche Reich ging in dem Glauben in den Krieg, daß England seiner traditionellen Strategie gemäß die Küste des Feindes blockieren würde, und hatte sich entsprechend vorbereitet. Doch

K aiser Wilhelm II. (oben) strebte eine Marine an, die die britische übertraf. Unten: Das revolutionäre Schlachtschiff Dreadnought. Als der Krieg ausbrach, riegelte die britische Flotte (rechts) Deutschland ab. Im Gegenzug ließ Großadmiral von Tirpitz (oben rechts) seine U-Boote auslaufen.

England verhängte statt dessen überraschenderweise eine Blockade über die gesamte Nordsee.

Aber nicht nur die Deutschen hatten sich verrechnet, sondern auch die Briten. Sie hatten erwartet, daß die deutsche Flotte als Antwort auf die Blockade auslaufen und einen Ausbruch versuchen würde. In der anschließenden großen Seeschlacht, davon war die britische Marine überzeugt, hätte sie den Sieg davongetragen. Aber der Staatssekretär des deutschen Reichsmarineamts, Großadmiral Alfred von Tirpitz, hatte andere Ideen. England war eine Insel, deren Überleben davon abhing, daß Tag für Tag Unmengen von Lebensmitteln und Rohstoffen ins Land gebracht wurden – per Schiff. Man brauchte also nur die Schiffahrtswege abzuschneiden, um England zu schlagen. Um dies zu erreichen, brachte von Tirpitz seine kleine, aber feine U-Bootflotte ins Spiel, die aus ganzen zwanzig Booten bestand,

während die britische Marine über mehr als siebzig Einheiten verfügte. Diese U-Boote waren jedoch die besten der Welt; sie besaßen ausgezeichnete Dieselmotoren und hatten eine Reichweite von 5000 Seemeilen. Während die Unterseeboote in anderen Ländern als untergeordnete Defensivwaffe betrachtet wurden, glaubte von Tirpitz, daß sie ein gewaltiges Offensivpotential besaßen. Er stellte sich vor, daß große Gruppen von ihnen unter der Wasseroberfläche unbemerkt durch die Nordsee fuhren, dutzendweise Kriegs- und Handelsschiffe versenkten, die grausame britische Blockade sprengten und schließlich den Krieg für Deutschland gewannen.

Die ersten Fahrten verliefen jedoch enttäuschend. Es gingen mehr U-Boote verloren als Feindschiffe versenkt wurden. Aber bald konnte von Tirpitz einen gewaltigen Sieg verbuchen. In den frühen Stunden des 22. September 1914 tauchte ein deutsches U-Boot, das unter dem Kommando von Kapitänleutnant Otto Weddigen stehende U-9, vor der belgischen Küste auf. Es hatte sich auf der Fahrt zu seinem Einsatzgebiet in der Flandernbucht befunden, als der Kompaß ausfiel und es weit vom Kurs abkam. Aufgrund der rauhen See war Weddigen für die Nacht abgetaucht. Als er an die Oberfläche zurückkehrte, fand Weddigen nicht nur bessere Bedingungen vor, sondern auch drei britische Kreuzer, die *Aboukir*, die *Hogue* und die *Cressy*, die einige Kilometer entfernt in Kiellinie vorüberdampften. Er tauchte und leitete den Angriff ein. Um 6.20 Uhr feuerte er einen Torpedo auf die *Aboukir* ab. Er schlug ein großes Loch in die Steuerbordseite des Kreuzers, und es dauerte nur Minuten, bis das Schiff sank. Sein Kapitän, John Drummond, glaubte, er sei auf eine Mine gelaufen. (Im September 1914 dachten die Seeleute bei einer plötzlichen Explosion auf See noch nicht automatisch an U-Boote.) Er rief die *Hogue* und die *Cressy* zu Hilfe, und beide Schiffe stoppten, um Überlebende aufzunehmen, ohne sich der U-Bootgefahr bewußt zu sein. Fünfunddreißig Minuten nach der Versenkung der *Aboukir* feuerte Weddigen aus einer Entfernung von 300 Metern zwei Torpedos auf die *Hogue* ab. Der Kreuzer bekam Schlagseite, und die Besatzung verließ das tödlich getroffene Schiff.

Weddigen tauchte kurz auf, um sich die spektakuläre Szene anzusehen. Dann tauchte er wieder und

feuerte zwei Torpedos auf die reglos im Wasser liegende *Cressy* ab, die damit beschäftigt war, Männer von den anderen beiden Kreuzern an Bord zu nehmen. Ihr Kapitän glaubte immer noch, daß Wasserminen für das Unglück verantwortlich waren. Weddigens Torpedos trafen beide ins Ziel, und das große Kriegsschiff rollte langsam nach Backbord, während die Besatzung um ihr Leben kletterte. Einige schreckliche Minuten lang hasteten die Männer auf der verzweifelten Suche nach Rettung wie winzige Insekten auf dem flachen Kiel herum. Ihnen blieb nicht viel Zeit. Bald war auch dieser Kreuzer gesunken. Die Formation, die vor etwas mehr als einer Stunde so selbstsicher in

70

Weddigens Sichtfeld gedampft war, gab es nicht mehr.

Es war ein Triumph der deutschen U-Bootwaffe, der für sich selbst sprach. Ein einziges U-Boot hatte drei Kreuzer mit zusammen 36 000 Tonnen versenkt und 62 Offiziere und 1397 Besatzungsmitglieder in die Tiefe geschickt. Otto Weddigen wurde mit dem Eisernen Kreuz Erster Klasse ausgezeichnet, und bald konnte sich jedes Mitglied seiner Besatzung das Eiserne Kreuz Zweiter Klasse an die Uniform heften.

Einen Monat später versenkte *U-17* den britischen Frachter *Glitra*. Es war das erste von unzähligen Handelsschiffen, die von Tirpitz' U-Booten zum Opfer fielen. Es war jedoch nicht aufgrund eines Torpedotreffers untergegangen, sondern weil U-Bootfahrer seine Flutventile geöffnet hatten. Der deutsche Kommandant war nach den alten Blockaderegeln vorgegangen und hatte dem Schiff einen Schuß vor den Bug verpaßt, es geentert, seine Fracht inspiziert und der Besatzung gestattet, in die Rettungsboote zu steigen, bevor er ihr Schiff versenkt hatte. In den ersten Monaten des Krieges war eine solche Ritterlichkeit durchaus noch üblich. Doch ihre Tage waren gezählt. Anfang 1915, als der Landkrieg im unaussprechlichen Elend der Schützengräben steckengeblieben war, erklärte Deutschland die Gewässer um die Britischen Inseln zur Kriegszone, in der Feindschiffe der Kriegs- und Handelsmarine ohne Vorwarnung versenkt würden. Neutrale Schiffe, die in diese Zone einfuhren, setzten sich derselben Gefahr aus, da das Fahren unter neutraler Flagge in diesem gnadenlosen Kampf zu einem verbreiteten Trick geworden war.

Die U-Bootfahrer waren bald sehr geübt, und die britischen Schiffsverluste nahmen alarmierende Ausmaße an. Die U-Boote wurden rasch zu der Waffe, die der britischen Marine die heftigsten Kopfschmerzen bereitete. Die Zerstörungen, die sie anrichteten, sollten England binnen kurzem an den Rand der Niederlage bringen.

Viertes Kapitel

EINE
SCHICKSALHAFTE
BEGEGNUNG

AM ABEND DES 6. MAI, EINEM DONNERSTAG, EMPfing man im Funkraum der *Lusitania* eine Mitteilung des Marinestützpunkts in Queenstown (heute Cobh) an der irischen Südküste, in der auf die Anwesenheit von U-Booten in dem Gebiet hingewiesen wurde. Es war die erste von vier voneinander unabhängigen Warnungen. Bei Sonnenuntergang blieb die gesamte Außenbeleuchtung des Schiffs ausgeschaltet, die Oberlichter wurden abgedeckt und die Rettungsboote ausgeschwenkt. So vorbereitet, dampfte die *Lusitania* ins Kriegsgebiet.

Die Nacht verlief ohne Zwischenfall. Als die Passagiere am Morgen erwachten, fuhr das Schiff bei ruhiger See mit kleiner Fahrt durch langsam dahinziehende Nebelgebirge, die auf allen Seiten die Sicht versperrten.

Die Schiffssirene begleitete Oliver Bernards Frühstück mit ihrem melancholischen Heulen. Er wünschte, der Kapitän würde das verdammte Ding abschalten und aufhören, den Deutschen lauthals die Anwesenheit des Schiffs zu verkünden. Als er das Frühstück beendet hatte, ging Bernard hinaus. Die Luft hing voller Feuchtigkeit; auf sämtlichen Fenstern und Handläufen hatte sich Wasser niedergeschlagen. Wie es aussah, hatte sich auf dem Metall der Davits, an denen hoch über der See die Rettungsboote hingen, Reif gebildet. Nach der Uhrzeit zu urteilen, mußte die Sonne aufgegangen sein, aber sie war nirgends zu sehen, nicht einmal als heller Fleck im Dunst. An Deck wirkte das traurige Geheul der Sirene unterdrückt, halbherzig. Aber nach Bernards Ansicht war es immer noch zu laut.

Nach Auskunft eines Deckoffiziers befand sich die *Lusitania* jetzt vor Irland. »Da drüben«, sagte er grinsend und

D ie Lusitania *in Friedenszeiten in voller Fahrt. 1915 waren aus Sparsamkeitsgründen mehrere Heizkessel nicht in Betrieb, so daß sie ihre Höchstgeschwindigkeit von 26 Knoten bei weitem nicht erreichte.*

zeigte mit ausgestrecktem Finger über die Backbordseite. »Wenn der Nebel nicht wäre, würden Sie es so klar sehen, wie es klarer nicht geht.«

Bernard spähte in die Waschküche hinaus. Ob dort in den nebelverhangenen Wellen U-Boote durchs Wasser glitten wie metallische Haie?

❦

U-20 KREUZTE LANGSAM AN DER OBERFLÄCHE, UND DIE BE-SAZUNG genoß die frische Seeluft, die – zögernd, wie es schien – ins stinkende Innere strömte, während die Reihen der Naßbatterien aufgeladen wurden. Vier Männer, einschließlich des Kommandanten, waren als Wache auf dem Turm und hielten Augen und Ohren offen, eine lebenswichtige Aufgabe, denn wenn ein Zerstörer aus dem Nebel auf sie zukam, hätten sie nur Sekunden, um zu tauchen. U-Boote hatten eine gewisse Ähnlichkeit mit Kaninchen; auch sie mußten häufig ohne lange Vorwarnzeit um ihr Leben rennen.

Das U-Boot war die irische Küste entlang westwärts gefahren und hatte die Westspitze der Insel umrundet, um in die Gewässer vor Südirland zu gelangen. Die Fahrt war nicht ohne Zwischenfälle verlaufen. Vor zwei Tagen war Schwieger einem Relikt aus einer anderen Zeit begegnet, dem 132-Tonnen-Schoner *Earl of Lathom*. Das angejahrte Segelschiff war, soweit Schwieger sehen konnte, unbewaffnet gewesen. Es war eine armselige Beute, aber besser als nichts.

Schwieger ließ die Tanks ausblasen, und das U-Boot hob seine grauen Flanken über die Wasseroberfläche. Nachdem er die schmale Leiter zum Turm hinaufgestiegen war, befahl er der *Earl of Lathom* beizudrehen. Der Kapitän des Schoners gehorchte. Er hatte keine andere Wahl. Schwieger schickte eine Entergruppe hinüber, die das Schiff in Augenschein nahm. Es war ohne Zweifel britischer Nationalität. Dann forderte er die fünfköpfige Besatzung auf, in ihr gebrechliches Rettungsboot umzusteigen, und eröffnete mit dem Deckgeschütz das Feuer. Die Geschosse rissen das alte Spantenwerk auf. Schwankend, sich wie vor Schmerzen krümmend, nahm das alte Schiff die Tortur hin und glitt nach einem Dutzend Treffern still in die Tiefe.

Einige Zeit später tauchte aus einer Nebelbank ein 3000-Tonnen-Dampfschiff auf. Obwohl er die Zeichen, die es als neutrales Schiff kennzeichneten, deutlich sehen konnte, war Schwieger mißtrauisch. Er hatte den Verdacht, daß es

sich nur um einen der üblichen schmutzigen Tricks der Briten handelte. Die Entscheidung war schnell gefällt, und er feuerte einen Torpedo ab. Aber er verfehlte das Ziel, und das Dampfschiff verschwand wieder im Nebel.

Schwieger fluchte. Er war jetzt fast eine Woche auf Fahrt und hatte nicht mehr erreicht, als ein paar Kilogramm Feuerholz auf dem Ozean zu verteilen. Wann würde sich sein Schicksal endlich wenden?

Es geschah in den frühen Morgenstunden des folgenden Tages, als die *Candidate* in Sicht kam, ein 5858-Tonnen-Frachter. Schwieger hielt ihn für sicher genug, um ihn über Wasser anzugreifen, beschloß aber, ihm keine Warnung zukommen zu lassen. Hinter diesen Kisten an Deck konnten sich 12-Zentimeter-Kanonen verbergen. So wie er die Engländer kannte, war das fast sicher der Fall.

Die Geschützbedienung bereitete ihre Waffe vor, und Schwieger gab den Feuerbefehl. Das U-Boot erzitterte unter dem Rückstoß der ersten Schüsse. Volltreffer! Einer nach dem anderen. Binnen weniger Minuten trieb das Schiff hilflos im Wasser. Die Besatzung ließ die vier Rettungsboote herab und ruderte um ihr Leben. Ihr Schiff hatte starke Schlagseite, schwamm aber noch. Schwieger schoß einen Torpedo ab, der sich in der Nähe des Maschinenraums in den Rumpf bohrte. Das Schiff begann langsam abzusacken, und Schwieger gab ihm mit Geschützfeuer den Rest. Endlich etwas, das es wert war, ins Logbuch eingetragen zu werden!

Eine Stunde später entdeckte er einen großen Passagierdampfer. Das Schiff zeigte keine Flagge, aber Schwieger und Lenz meinten übereinstimmend, daß es ein Engländer war, wahrscheinlich ein Schiff der White Star Line. Rund 14 000 Tonnen, schätzte Lenz. Schwieger brachte sein Boot in Schußposition. Alles war sorgfältig berechnet. Aber ein Ausguck auf dem Schiff bemerkte das U-Boot, und wenige Minuten später war das Schiff, den potentiellen Angreifer weit hinter sich lassend, im Nebel verschwunden. Schwieger zuckte als Zeichen für seine Mannschaft gleichmütig die Achseln. Es gab genügend andere Ziele, die darauf warteten, aufgespürt zu werden.

Zwei Stunden später stieß *U-20* auf einen mittelgroßen Frachter. Das Schiff hatte keine Flagge aufgezogen, und weder Lenz noch Schwieger konnten es identifizieren, aber ein neutrales Schiff hätte sich niemals ohne eine weithin sichtbare Flagge in diese Gewässer getraut. Schwieger hätte

Hinter Heuballen versteckte Geschützbedienungen feuern auf ein U-Boot. In England war man dazu übergegangen, Handelsschiffe zu bewaffnen, und hatte sogar schwerbewaffnete Köderschiffe entwickelt, die sogenannten Q-Ships, die U-Boote in Gefechte verwickeln sollten. Die Folge war, daß sich die U-Bootkommandanten zunehmend scheuten, ihre Opfer über Wasser anzugreifen.

N ach den tradi-
tionellen Regeln
des Krieges griffen
U-Boote unbewaffnete
Schiffe über Wasser an,
nachdem sie ihr Opfer
gewarnt und der
Besatzung gestattet
hatten, von Bord zu
gehen.

einen Monatssold darauf gesetzt, daß es ein britisches Schiff war, und Lenz war derselben Meinung. Sie schlichen sich unbemerkt an und schossen einen einzigen Torpedo ab. Er funktionierte tadellos und traf den Frachter dicht am Fockmast. Das Schiff erbebte und neigte, wie zum Zeichen der Kapitulation, den Bug. Die Besatzung sprang in die Boote und ruderte davon. Wenige Minuten darauf war das Schiff gesunken. Solche Augenblicke des Triumphs hatten stets einen bitteren Beigeschmack; kein echter Seemann hatte Freude am Anblick eines im Todeskampf liegenden Schiffs. Lenz blätterte in seinen Handbüchern nach und fand heraus, daß ihr letztes Opfer die 5495 Tonnen große *Centurion* der Harrison Line war.

Schwiegers Stimmung besserte sich. Endlich zeitigte die Fahrt Ergebnisse! Aber sollte er, wie befohlen, weiterfahren in die Gewässer vor Liverpool? Er hatte so ein Gefühl, daß es vielleicht besser wäre, in diesem Gebiet zu bleiben. Er hatte bereits drei Torpedos verbraucht, und nach seinen Instruktionen sollte er sich zwei »Aale« für die Heimfahrt aufheben.

Mit etwas Glück würde ihm vielleicht ein wirklich großer Brocken ins Netz gehen.

 ❧

DER NEBEL BEGANN SICH ZU LICHTEN. ER HING JETZT WIE EIN Gazevorhang zwischen dem Schiff und dem Land. Julia Sullivan fühlte sich an einige der Bühneneffekte erinnert, die sie am Broadway gesehen hatte.

Ja, dieser dünne Strich am Horizont war eindeutig Festland. Als sie es zum ersten Mal sahen, schien ein Ruck durch die an der Backbordreling stehenden Passagiere zu gehen. Ganz gleich, wie oft man den Ozean schon überquert hatte, beim ersten Anblick von Land wurde man jedesmal von derselben Erregung ergriffen, einer Art Erleichterung darüber, daß es die Welt trotz seiner eigenen Abwesenheit auf hoher See geschafft hatte, ihren Gang zu gehen.

Während Julia an der Reling stand und die im Dunst liegende Küstenlinie betrachtete, fragte sie sich, wie sie nach den Jahren in New York mit dem Landleben zurechtkommen würden. Die Frage war, wie würden sie bei den Einheimischen ankommen? Wie Flor ihr gesagt hatte, bestand die Gefahr, daß man die Leute gegen sich aufbrachte, wenn man zuviel von den Wundern des Lebens »drüben« in Amerika sprach. Beantworte ihre Fragen, hatte er gesagt, und belaß es dabei. Er hatte natürlich recht. Aber glaubte er wirklich, daß sie den Hof einfach so übernehmen und in Schwung bringen konnten? Waren seine entschlossenen Worte vielleicht ebenso für ihn selbst wie für sie bestimmt?

Sie versuchte Einzelheiten der Landschaft in der Ferne zu erkennen. War das dort Cape Clear? Es war schon komisch: Als sie ihre Heimat verließ, hatte sie sich nach Irland zurückgesehnt, und jetzt sah sie es wieder und sehnte sich nach Amerika.

℘

CHRISSIE AITKEN SAH KLEIN JARVIE DABEI ZU, WIE ER MIT DEM Fußball spielte, den ihm die Matrosen gegeben hatten. Sie hatten ihn aus Papier gemacht und zu einem Ball verschnürt, der ziemlich stabil aussah, nur daß er nicht allzu weit rollte. Mit etwas Glück würde er bis Liverpool halten.

Der Gesundheitszustand ihres Vaters schien sich gebessert zu haben. Die Seeluft und die Nähe von Schottland hatten Farbe in sein Gesicht gebracht und seinen Gang elastischer gemacht. Er erzählte Klein Jarvie den ganzen Tag über von all den wunderbaren Dingen, die sie bald zusammen unternehmen würden.

℘

KAPITÄN TURNER WAR SEIT DEM MORGENGRAUEN AUF DEN Beinen. Es war der letzte Tag der Reise, und seiner Erfahrung nach reichten vierundzwanzig Stunden kaum für solche Tage. Abfahrten verliefen hektisch, aber Ankünfte schienen unerwartete Probleme gleich im Dutzend auszubrüten. Er ließ das Schiff jetzt mit achtzehn Knoten fahren, zum Teil wegen des Nebels, der immer noch in unregelmäßigen kleinen Wolken über dem Wasser hing, hauptsächlich aber, weil er vorhatte, bis nach Liverpool durchzufahren. Er wollte mit der Flut am frühen Freitagvormittag ankommen und direkt in den Hafen von Liverpool einfahren, ohne anzuhalten, um einen Lotsen an Bord zu nehmen. Er hatte in seiner peinlich genauen Art alles bis in die letzten Einzelheiten ausgearbeitet.

℘

DIE ADMIRALITÄT HATTE TURNER NICHT MITGETEILT, DASS SEIT seiner Abfahrt von New York in den Gewässern um die Britischen Inseln herum insgesamt 23 Schiffe von U-Booten versenkt worden waren. Die Marine befürchtete, daß dies der Auftakt eines neuen großen U-Bootangriffs sein könnte, und sorgte sich zunehmend um die Sicherheit mehrerer Schiffe, vor allem um die der *Lusitania*. Wäre Winston Churchill, der Erste Seelord, in der Admiralität gewesen,

hätte er vielleicht einige Marineeinheiten umgeleitet, damit sie das prächtige Cunard-Schiff und andere Zivilschiffe zu ihren Zielhäfen geleiteten. Aber Churchill war in Frankreich bei Sir John French, dem Befehlshaber der britischen Expeditionstruppen. Es ging das Gerücht, daß Churchill danach trachtete, von seinem Posten in der Admiralität befreit zu werden und ein bedeutendes Militärkommando zu erhalten.

In Queenstown hörte sich Vizeadmiral Coke die Berichte über die U-Bootaktivitäten an. Wie es schien, fuhr die *Lusitania* direkt in ein extrem gefährliches Gebiet hinein. Aber Coke besaß weder die Befugnis noch die Mittel, dem Luxusliner zu helfen. Seine bescheidene, aus veralteten Patrouillenbooten bestehende Streitmacht, die vom Rest der Marine geringschätzig die »Gilbert and Sullivan Navy« genannt wurde, war zu klein, zu langsam und zu alt. Seine Schiffe waren allesamt langsamer als die *Lusitania*. Wie sollten sie sie also schützen? Außerdem wäre sie, wenn es seine Zerstörer durch irgendein Wunder geschafft hätten, eine Eskorte zu bilden, rechtlich gesehen zu einem Teil der Kriegsmarine geworden und damit ein legitimes Ziel für einen U-Bootangriff ohne Vorwarnung gewesen.

Coke schaute mit finsterem Blick in den Nebel vor seinem Bürofenster. Er lichtete sich tatsächlich. Den Meteorologen zufolge würde die Sonne ihn ganz auflösen. Es würde ein schöner Nachmittag werden.

℘

DIE NEBELSCHWADEN, MERKWÜRDIG GEFORMTE WEISSE HAUfen, die die Sicht versperrten und an den Nerven zerrten, bescherten der Besatzung von *U-20* einen angespannten Freitagmorgen. Das Boot war während der letzten Stunden, stets auf Ärger gefaßt, verstohlen über die Wasseroberfläche geschlichen. Schwieger war froh, daß ihm der Ärger erspart geblieben war. Jetzt schienen sich die Bedingungen zu bessern. Die Batterien waren nahezu aufgeladen; bald würde er wieder in die Offensive gehen können.

Da tauchte der verschwommene Umriß eines Kriegsschiffs aus dem Nebel auf. Es fuhr direkt auf das U-Boot zu. Ärger! *U-20* tauchte und ging auf 24 Meter hinunter. Kurz darauf fuhr das Schiff über das U-Boot hinweg. Der Motorenlärm drang durch die Stahlhülle ins Innere des Boots. Schwieger holte das Schiff ins Periskop. Ein älterer Kreuzer – ein gutes Ziel! Er versuchte es zu jagen, aber es war hoffnungslos. Der Kreuzer, der später als die 1898 gebaute *Juno,* eines der

Schiffe aus Admiral Cokes altertümlicher Flotte, identifiziert wurde, verschwand in Richtung Queenstown.

Die Besatzung entspannte sich. Die Krise war vorüber, für den Augenblick jedenfalls.

☙

VIZEADMIRAL COKE ÜBERMITTELTE DER *LUSITANIA* EINE BOTschaft, die aus einem einzigen Wort bestand: QUESTOR. Das Cunard-Schiff erwiderte prompt: WESTRONA. Queenstown hatte verschlüsselt angefragt, welchen M.V.-Code (M.V. = Merchant Vessel, Handelsschiff) das Schiff benutzte, und zur Antwort erhalten: die erste Version.

Kapitän Turner fragte sich, ob man ihn nach Queenstown umdirigieren wollte, wie vor ein paar Monaten, als er die *Transylvania* unter sich gehabt hatte. Die außerplanmäßige Kursänderung hatte damals für eine Menge Aufregung unter den Passagieren gesorgt; viele hatten sich beschwert, weil sie wichtige geschäftliche Termine einzuhalten hatten oder Verwandte extra mit dem Zug nach Liverpool gefahren waren, um sie abzuholen. »Es geschieht auf Befehl der Admiralität«, hatte er ihnen entgegengehalten. »Eine Notmaßnahme in Kriegszeiten.«

Die *Transylvania* hatte wichtige Ladung an Bord gehabt: in Amerika hergestellte schwere Kanonen für britische Kriegsschiffe.

Aber am 7. Mai 1915 erhielt Turner keinen derartigen Befehl.

Die Wasseroberfläche begann im Sonnenlicht zu glitzern. Turner verdoppelte die Ausgucks und ließ alle wasserdichten Türen, die nicht unbedingt für den Betrieb des Schiffs gebraucht wurden, schließen. Zur selben Zeit öffneten allerdings viele Passagiere die Bullaugen, um das schöne Frühlingswetter hereinzulassen. Niemand verbot es ihnen.

Robert Leith, einer der Funkoffiziere der Lusitania. *Er könnte derjenige gewesen sein, der die Nachricht von Vizeadmiral Coke aus Queenstown empfing.*

Turner fuhr das Schiff in die Gewässer vor Queenstown, wie er es schon viele Male getan hatte. Obwohl er es später abstreiten sollte, befolgte er keine der Instruktionen, die die Admiralität für die Handelsschiffahrt in diesem Gebiet, in dem so viele U-Boote gesichtet worden waren, herausgegeben hatte. Er dampfte trotz der Warnung der Admiralität, sich von den Landzungen fernzuhalten, da sich die U-Boote dort mit Vorliebe auf die Lauer legten und auf Beute warteten, dicht an Brow Head, Galley Head und dem Old Head of Kinsale vorbei. Die Admiralität hatte die Handelsschiffe außerdem angewiesen, in der Mitte des Seeweges zu fahren, was in diesem Gebiet einen Abstand zur Küste von rund 110 Kilometer bedeutete. Die *Lusitania* war zu dieser Zeit aber nur etwa zwanzig Kilometer von der irischen Küste entfernt. Darüber hinaus sollten die Schiffe in der Nähe von Häfen mit Höchstgeschwindigkeit fahren; die *Lusitania* jedoch machte, als sie sich Queenstown näherte, gerade einmal achtzehn Knoten. Schließlich hatte die Admiralität angeordnet, im Zickzack zu fahren. Turners Kurs aber war schnurgerade.

Turner hatte nichts gegen die Schlußfolgerungen der Bürokraten von der Admiralität einzuwenden. Was sie sagten, ergab Sinn. Und ohne Zweifel waren die meisten Kapitäne der Royal Navy begeisterte Zickzackfahrer. Aber sie brauchten sich auch keine Sorgen um den Kohlepreis und die Bequemlichkeit von Passagieren zu machen. Wer für eine fünftägige Fahrt von New York nach Liverpool mehr ausgegeben hatte, als die meisten Leute in einem Jahr verdienten, reagierte nicht gerade freundlich, wenn er in seiner Kabine hin- und hergeworfen wurde, während das Schiff hübsche Muster in den Ozean schnitt. Er erwartete eine glatte, komfortable

U-Boote waren an der Oberfläche zwar verwundbarer, aber auch wesentlich schneller als unter Wasser, und sie hatten eine erheblich bessere Sicht. Sobald die Ausgucks ein Ziel entdeckt hatten, konnte das U-Boot es über Wasser angreifen oder, wenn es ein gefährlicher Gegner war, tauchen, um unter Wasser anzugreifen.

Überfahrt, und es war Turners Pflicht, dafür zu sorgen, daß sie genau so verlief.

ᢒᢒ

DER AUSHANG MIT DER TÄGLICH ZURÜCKGELEGTEN STRECKE rief einiges Stirnrunzeln hervor. In den letzten 24 Stunden hatte man bei einer Durchschnittsgeschwindigkeit von exakt 16,72 Knoten (Seemeilen pro Stunde) nur etwas mehr als 400 Seemeilen geschafft. Die Passagiere, die den Aushang lasen, kamen zu dem Schluß, daß es der Nebel gewesen sein mußte, der die Fahrt so verlangsamt hatte.

ᢒᢒ

MATROSE LESLIE MORTONS SCHICHT BEGANN UM ZWÖLF UHR mittags. Wenig später würde man ihn als zusätzlichen Ausguck auf der Steuerbordseite zum Bug schicken; im Augenblick jedoch mußte er im Gepäckraum arbeiten und die großen Schrankkoffer, von denen einige fünfzig Kilogramm und mehr wogen, für die Ausschiffung bereitstellen. Die meisten anderen Matrosen arbeiteten ebenfalls dort unten und schwitzten Blut und Wasser, während sie die schweren Koffer aus den Ecken zogen, mit der ungemein wichtigen Hauptfrachtliste (dem Alten Testament, wie einer von ihnen sie genannt hatte) verglichen und dann mit der Gepäckkarre zum Aufzug schoben, der sie zu den Oberdecks beförderte.

Leslie und sein Bruder John waren mit der *Naiad,* einem alten Segelschiff, das auf dem Weg nach Australien war, nach Amerika gekommen. Nach ein paar Tagen in New York hatten sie beschlossen, von Bord zu gehen und nach Hause zurückzukehren. Ursprünglich hatten sie vorgehabt, als Passagiere mit der *Lusitania* nach England zu fahren, doch dann hatten sie zu ihrer Erleichterung erfahren, daß noch Matrosen für das Schiff gesucht wurden, und kurzerhand angeheuert. Sie fanden die Arbeit schwer und machten viele Fehler, verirrten sich ständig in dem Gewirr der Korridore und verwechselten die Namen der verschiedenen Abteilungen und, schlimmer noch, der Offiziere. Alles in allem aber war es eine gute Erfahrung; die *Lusitania* war ein feines Schiff, und die meisten Besatzungsmitglieder entpuppten sich, wenn man sie näher kennenlernte, als im Grunde freundliche Leute. Die Morton-Brüder sprachen schon davon, daß sie für eine weitere Fahrt anheuern würden. Sie wollten sagen können, daß sie auf der *Lusitania* arbeiteten.

Es war ein Name, mit dem man angeben konnte.

U-20 TAUCHTE UM 12.45 UHR AUF. SCHWIEGER KLETTERTE die Leiter zum Turm hinauf und notierte sich seine Beobachtungen, um sie später ins Logbuch zu übertragen. Die Bedingungen hatten sich gebessert. Die Sicht war ausgezeichnet; auch die letzten Reste des morgendlichen Nebels waren verschwunden. Die See war ungewöhnlich ruhig, wie ein riesiger Teich. Zu schade, daß er seine Zeit darauf verwenden mußte, nach Schiffen Ausschau zu halten, die er angreifen konnte; es war der perfekte Nachmittag, um sich am Strand zu erholen, das Wetter und eine attraktive Begleitung zu genießen, über das Leben und die Kunst zu sprechen und eine Flasche Wein miteinander zu trinken.

Leider aber gab es drängendere Dinge zu bedenken. Die Moral der Besatzung zum Beispiel. Ein oder zwei Mann litten augenscheinlich unter Überanstrengung. Schwieger kannte die Symptome: ein leicht metallischer Ton in der Stimme, ein verstohlener, wie gejagt wirkender Ausdruck in den Augen. Es waren gute Männer, beide, aber auch sie hatten wie jeder andere ihre Grenzen. Gott sei Dank war es bald Zeit, Kurs auf die Heimat zu nehmen.

Am Horizont war als dünne dunkle Linie die irische Küste zu sehen.

Schwieger kaute an seinem Mittagessen, einem Wurstbrot, das nach Dieselöl roch und schmeckte. Dann verengten sich seine Augen. Eine Rauchwolke. Zehn oder elf Kilometer entfernt, schätzte er und schaute automatisch auf die Uhr: 13.20 Uhr.

Er wartete. Unter dem Rauch wurden Schornsteine sichtbar. Vier Stück! Seine Erregung nahm zu. Nur die größten, wichtigsten Schiffe protzten mit vier Schornsteinen. Dieses hier fuhr parallel zur Küste. Schwieger berechnete hastig die Kurse und schätzte die Geschwindigkeiten beider Schiffe.

»Vorbereiten zum Tauchen!«

ᢒᢒ

MARGARET MACKWORTH UND IHR VATER NIPPTEN MIT EINEM angenehmen Sättigungsgefühl an ihrem Kaffee. Morgen um diese Zeit würden sie wieder zu Hause in Wales sein, und das war ganz in Ordnung. Das Essen auf der *Lusitania* war einfach zu gut. Noch ein paar Tage, und die Folgen würden nur allzu sichtbar werden.

Howard Fisher und Dorothy Conner waren bereits in ihre Kabinen gegangen, um mit dem Packen anzufangen. Die Reise ist fast vorüber, dachte Margaret; bald wird wieder die wirkliche Welt mit all ihren Problemen auf uns einstürmen. Sie verspürte einen leichtes Schuldgefühl, als ihr einfiel, daß sie kaum einmal an ihren Mann gedacht hatte, seit sie von New York abgereist war. Sie wußte immer noch nicht, was sie tun sollte. Wahrscheinlich nichts. Weiter das Spiel der Vortäuschungen mitspielen. Weiter so tun, als wäre alles in Ordnung. Das war der Weg, auf dem unzählige sogenannte Ehen Jahr um Jahr aufrechterhalten wurden. Manchmal regelte sich in solchen Ehen schließlich alles von selbst. Warum nicht auch in ihrer?

Margaret entschuldigte sich bei ihrem Vater. Er hatte etwas gesagt – etwas Amüsantes, seinem Lächeln nach zu urteilen –, und sie hatte kein Wort davon gehört.

"LUSITANIA" PASSING OLD HEAD OF KINSALE

CUNARD LINE

ALS LESLIE MORTON SEINEN POSTEN AM BUG EINNAHM, wechselte er ein paar Worte mit seinem Vorgänger. Alles war ruhig.

Es war seltsam, wie still die See dalag, beinah unheimlich. Das Schiff glitt fast ohne Schwanken durchs Wasser.

Die Lusitania *auf einer Westpassage vor Irland (oben). Bei der Heimfahrt fuhr sie normalerweise ebenso dicht unter Land, und Turner blieb, obwohl er angewiesen worden war, von der Küste* Abstand zu halten, sobald er in die Kriegszone um die Britischen Inseln (Einblendung unten) eingelaufen war, in den Küstengewässern, in denen die U-Boote lauerten (unten).

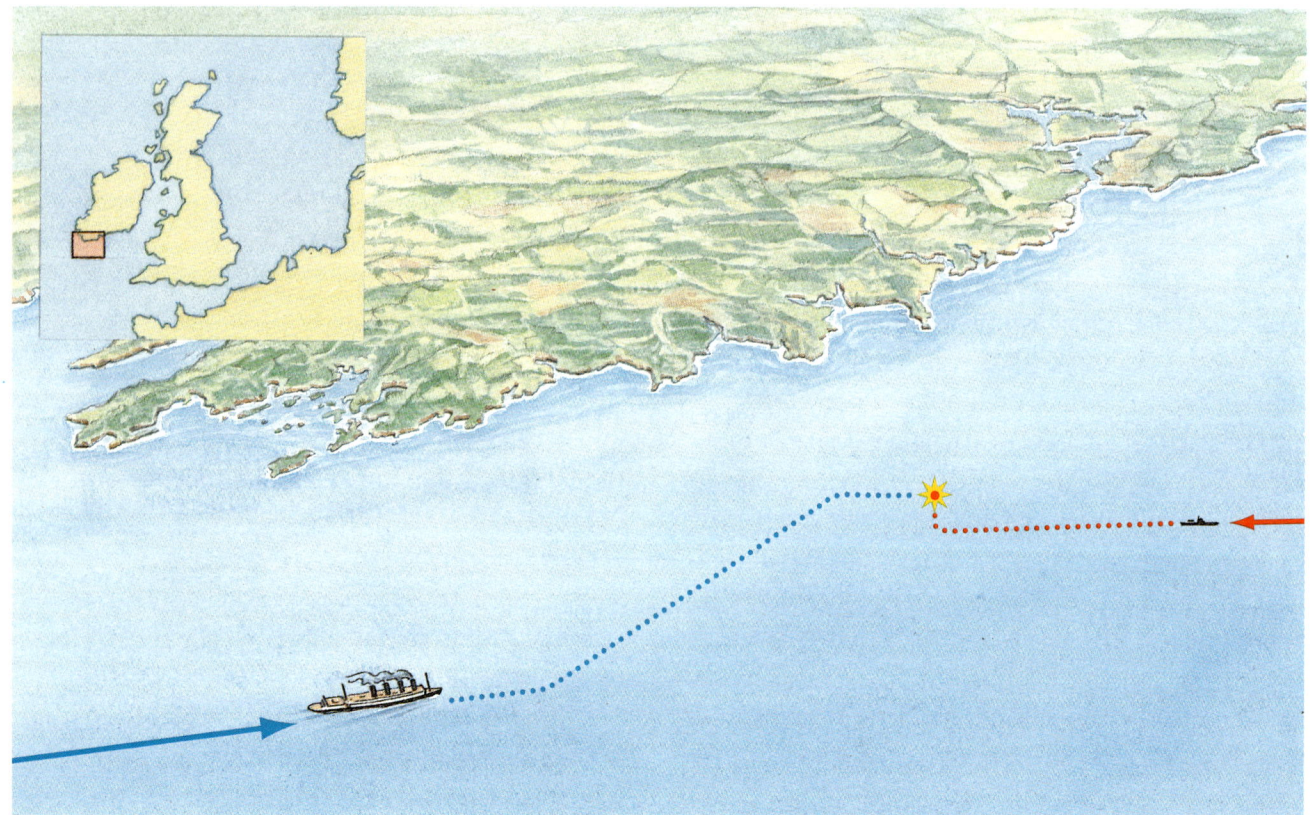

Den Männern zufolge, die schon jahrelang auf dem Schiff arbeiteten, war es eine der ruhigsten Überfahrten, die sie erlebt hatten. Leslie und sein Bruder wüßten gar nicht, welches Glück sie hatten. Dann folgten für gewöhnlich atemlos wiedergegebene Erinnerungen an die Stürme, die man durchgemacht hatte. Brecher, die aus Rettungsbooten Kleinholz machten. Erste-Klasse-Passagiere, die haltlos über den Fußboden der Salons schlitterten und von Konzertflügeln eingeholt wurden, die sich aus ihren Halterungen losgerissen hatten. Matrosen, die über Bord gespült wurden: »In der einen Sekunde war er noch in voller Lebensgröße da, und in der nächsten war er weg. Dabei schuldete er mir noch einen Sixpence...« Einige der Besatzungsmitglieder waren auf der *Lusitania* gewesen, als sie im Januar 1910 diesem Monster von einem Sturm in die Quere geriet. Ein Brecher von mindestens zwanzig Metern traf das Schiff mit solcher Wucht, daß die gesamte Brücke ein paar Zentimeter in Richtung Heck geschoben wurde. Die Welle riß das Steuerrad von seinem Sockel und überflutete den geschlossenen Brückenraum anderthalb Meter hoch.

Über die angenehmen Fahrten sprachen die alten Seebären nie. Sie erinnerten sich nur an die verzweifelten Versuche zu überleben, an den Kampf mit den Elementen. Es machte ihnen Spaß, Neulingen mit solchen Geschichten Angst einzujagen. Und Leslie mußte zugeben, daß sie es in der Regel schafften.

Er suchte das Meer Abschnitt für Abschnitt ab, von links nach rechts und dann wieder zurück, so wie er es gelernt hatte. Das Problem war nur, daß es fast hypnotisch wirkte. Man mußte die Gewalt über sich behalten, oder man kippte weg. Und wenn das passierte, wachte man unten in der Bilge wieder auf, hinter Gittern.

❧

SCHWIEGER SCHÄTZTE DIE GESCHWINDIGKEIT DES GROSSEN Schiffs auf zwanzig Knoten. Er kaute nervös an den Lippen. Es sah so aus, als würde es ihm entkommen. Mit seinen Elektromotoren, die eine Höchstgeschwindigkeit von nur neun Knoten zuließen, war *U-20* nicht in der Lage, den Kurs des Dampfschiffs rechtzeitig zu schneiden. Das war die unausweichliche Wahrheit. Die Prise würde ihm durch die Finger rutschen.

Oder doch nicht?

in U-Boot-offizier sucht durch das Persikop ein Ziel. Bei der relativ geringen Unterwassergeschwindigkeit konnte ein U-Bootkommandant nur hoffen, daß sein Ziel nicht verschwand, bevor er in der Lage war, einen Torpedo abzufeuern.

Es war kaum zu glauben, aber der Ozeanriese bog um gut dreißig Grad nach Steuerbord ab. Schwieger schickte ein kurzes Dankgebet gen Himmel. Das Schiff brachte sich selbst genau in die richtige Position für einen Angriff. Die Hitze und der Gestank waren vergessen, während die Beute sich näherte. Vor seinem geistigen Auge konnte er die aufeinander zulaufenden Kurslinien sehen – die von *U-20* und die des Dampfschiffs –, und sie trafen sich ungefähr *dort*.

Die Augen der Besatzung waren ihm zugewandt, blutunterlaufene, eingesunkene Augen in unrasierten Gesichtern. Alles wartete auf seinen Befehl.

ANGRIFF AUS DER TIEFE

S obald ein Ziel ausgemacht war, erwachte die Zentrale des U-Boots (rechts) zum Leben. Um einen Schuß abzufeuern, war allerdings mehr nötig als ein Befehl an den Torpedoraum (unten). Das U-Boot mußte entsprechend der Geschwindigkeit des Ziels und seines relativen Winkels zum Kurs des U-Boots in die richtige Schußposition gebracht

werden. Wenn alles glattging, startete der Torpedomotor (1) mit seinem Druckluftantrieb (2), die Schrauben (3) begannen sich zu drehen, und die Zündersicherung drehte sich ab (4) und machte den Sprengkopf (5) scharf.

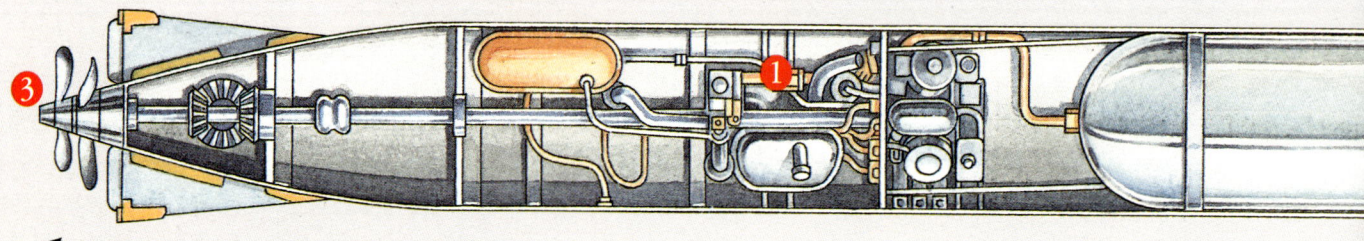

5,18 m

Laut Lenz war das große Schiff die *Mauretania* oder die *Lusitania.* Die Engländer benutzten Linienschiffe als sogenannte Hilfskreuzer und Truppentransporter.

Über dreißigtausend Tonnen …

Die Besatzung meldete das Boot angriffsbereit. Die Atmosphäre in der engen Röhre war wie elektrisiert. Es war, als hätte jemand auf einen Knopf gedrückt und die Luft aufgeladen. Die Nerven waren zum Zerreißen gespannt. Mit den Augen am Okular des Periskops klebend, rief Schwieger die Einstellungen für den Torpedo, während sich Jäger und Gejagter immer näher kamen. Der Torpedo war schußbereit.

Schwieger betete darum, daß das Schiff nicht wieder den Kurs änderte. Wenn es nach Backbord abdrehte, in Richtung Küste, würde er die größte Prise seines Lebens verpassen.

Siebenhundertfünfzig Meter … sechshundert … fünfhundertfünfzig …

Fünfhundert.

Das Schiff war auf seinem Kurs geblieben.

Schwiegers Hände klammerten sich um die Periskopgriffe.

»Feuer!«

Ein Zischen und Zittern.

Der Torpedo bohrte seine phosphorbronzene Spitze ins eisige Wasser und machte sich, von der in seinem Innern befindlichen Ansammlung aus Stabilisatoren, Pendeln, Kompassen und Motoren gesteuert, auf den Weg.

Zur Abwechslung funktionierte einmal alles reibungslos. Ein Druckluftmotor schob den Torpedo mit knapp zweiundzwanzig Knoten vorwärts, während zwei Propeller in entgegengesetzter Richtung rotierten, das Projektil geradehielten und seiner Neigung, auszubrechen und vom Kurs abzuweichen, entgegenwirkten.

Das vorbeiströmende Wasser drehte einen kleinen Propeller auf der Spitze des Torpedos. Er saß auf dem Zünder, der beim Auftreffen in den Sprengkopf des Torpedos gedrückt wurde und damit gleichzeitig eine Knallquecksilberladung und den Zellulosenitratzünder der Hauptladung zündete – 140 Kilogramm einer Trotyl genannten TNT-Art.

Der Propeller an der Spitze drehte sich wie ein harmloses Kinderspielzeug auf einer Gewindestange, bis er das Ende der Stange erreicht hatte und, sich immer noch drehend, abfiel.

Der Torpedo hatte sich selbst scharf gemacht.

Fünftes Kapitel

ALLE MANN VON BORD!

MATROSE LESLIE MORTON BEMERKTE AUF DER STEUER-bordseite rund fünfhundert Meter vom Schiff entfernt einige Luftblasen. Einen Moment später riß er ungläubig die Augen auf: Da glitt etwas direkt unter der Oberfläche durchs Wasser … direkt auf die *Lusitania* zu. Sein Gehirn war für einen Augenblick lahmgelegt. Dann traf ihn die Erkenntnis wie ein Schlag.

Er fuhr herum, hob das Megaphon, das man ihm gegeben hatte, an den Mund und schrie zur Brücke: »Torpedos auf der Steuerbordseite!«

Er glaubte zwei Spuren zu sehen und schloß daraus auf zwei Torpedos. Tatsächlich hatte er wahrscheinlich rund drei Meter unter Wasser die Wirbel des Torpedos und dar-über eine zweite Spur gesehen, die von den an die Ober-fläche aufgestiegenen Luftblasen gebildet wurde. Ein anderer Mann hätte die alarmierende Mitteilung vermutlich wieder-holt, bis jemand auf der Brücke sie bestätigt hätte, aber Leslies Anweisungen waren eindeutig: Berichte jede Beobach-tung, dann beobachte weiter. Außerdem war ihm gerade etwas Schreckliches eingefallen. Sein Bruder John hatte frei und lag wahrscheinlich fest schlafend in seiner Koje. Er mußte zu ihm hinunter und ihn warnen.

Leslie verließ seinen Posten.

Dreißig unwiederbringliche Sekunden verstrichen, bevor ein anderes Besatzungsmitglied den nahenden Torpedo be-merkte. In luftiger Höhe von über dreißig Metern über dem Schiff entdeckte Thomas Quinn, der Steuerbordausguck im Krähennest, die tödliche Spur, und seine Warnung erreichte die Offiziere auf der Brücke.

Aber es war zu spät. Das Schicksal der *Lusitania* war be-siegelt.

MARGARET MACKWORTH UND IHR VATER VERLIESSEN DEN SPEISE-saal und gingen zum Fahrstuhl. In der Ferne war der Old Head of Kinsale zu sehen, ein kleiner Felsvorsprung in der glitzernden Weite der See. Dahinter lag Queenstown. Nur noch ein paar Stunden, und die *Lusitania* würde in den Hafen von Liverpool einfahren.

Ein dumpfer Aufprall, der mehr zu spüren als zu hören war, unterbrach Margaret in ihren Gedanken. Im ersten Augenblick fragte sie sich, ob sie es sich nur eingebildet hatte.

Mehrere Decks über ihr hörte Oliver Bernard ein wesent-lich lauteres Krachen. Er hatte in der Nähe des Veranda-Cafés gestanden und aufs Wasser hinausgeschaut, als ihm die leuchtende Spur ins Auge fiel. Einen dummen, gedanken-losen Moment lang war ihm ihre Bedeutung nicht aufge-gangen. Doch dann fuhr ihm der Schrecken in die Glieder.

Bernard starrte wie gebannt auf die Spur, bis sie unter seinen Füßen verschwand. Sie schien mitten ins Herz des Schiffs zu zielen.

Er schloß die Augen und klammerte sich an die Reling. Der Augenblick verging, ohne daß etwas passierte. Der Tor-pedo mußte sein Ziel verfehlt haben. Doch dann hallte ein scharfer, durchdringender Knall durch das Schiff. Es schien zusammenzuzucken, und ein Zittern lief durch die Holz-reling und Bernards Hände.

Nun, das war nicht so schlimm, dachte er. Einen Augen-blick später kam die zweite Explosion.

❧

CHRISSIE AITKEN, DIE IN IHRER KABINE BESCHÄFTIGT WAR, HÖRTE den Torpedotreffer nur als leisen Schlag, der kaum der Rede wert war.

Kurz nach der ersten wurde die Lusitania von einer zweiten, wesentlich stärkeren Explosion erschüttert, die Schiffsteile und Wasser hoch in die Luft schleuderte.

Für Julie Sullivan dagegen, die an der Reling des Promenadendecks der zweiten Klasse auf der Backbordseite des Schiffs gestanden hatte, war es »die furchtbarste Explosion, die die Welt jemals gehört hat«. Sie hatte mit einem Fernglas, das sich ihr Mann von einem Besatzungsmitglied ausgeliehen hatte, die irische Küste betrachtet. Von der Explosion erschreckt, hatte sie das Fernglas fallen lassen. Als es aufs Deck krachte, splitterte etwas.

Es fühlte sich an, als wäre das Schiff über den Fuß eines im Ozean stehenden Riesen gestolpert. Julia klammerte sich an Flors Ärmel, um nicht den Halt zu verlieren, und bückte sich nach dem Fernglas.

»Mach dir darum keine Gedanken«, sagte Flor.

ⵦ

In Turners Ohren klang der Torpedotreffer wie das Knallen einer Tür, die an einem windigen Tag von der Zugluft zugeschlagen wurde.

ⵦ

Manche Passagiere hatten die erste Explosion überhaupt nicht vernommen. Aber die zweite hörten sie alle. Fast jeder von ihnen dachte, ein zweiter Torpedo hätte das Schiff getroffen, und viele fanden die zweite Explosion erheblich stärker als die erste. Einige behaupteten später, die beiden Explosionen hätten völlig unterschiedlich geklungen. Andere hatten kaum einen Unterschied bemerkt. Es hing ganz davon ab, wo man sich in jenem Augenblick aufgehalten hatte.

Oliver Bernard hatte sich seit dem ersten Knall nicht gerührt. Der zweite schleuderte ihn rückwärts, und er hob instinktiv die Arme, um sich vor der Fontäne aus Wasser, Qualm und Trümmern zu schützen, die vor ihm in die Höhe schoß. Einen gespenstischen Augenblick lang hing alles in der Luft, »ein weißer Berg«, der sich plötzlich auflöste und krachend herunterprasselte. Holzstücke, verbogene Metallteile, Persenningfetzen trudelten durch die Luft und schlugen um ihn herum auf dem Deck auf.

»Was zum Teufel …!«

Der Mann neben ihm klang verärgert. Bernard hätte sich nicht gewundert, wenn er verkündet hätte, er werde wegen des Vorfalls eine ernste Beschwerde einreichen.

Das riesige Schiff begann sich, so als wäre das Gewicht der Trümmer zuviel für seine Schultern, auf die Steuerbordseite zu legen.

ⵦ

Kapitänleutnant Schwieger blickte ungläubig hinüber. Der Torpedo hatte ins Schwarze getroffen und eine verheerende Wirkung erzielt. Schwieger hatte halb damit gerechnet, daß das Schiff weiterfahren und den Treffer hinnehmen würde wie ein Elefant einen Bienenstich. Statt dessen sank das Schiff bereits. Der Bug lag schon tief im Wasser.

Später notierte sich Schwieger in seinem Kriegstagebuch, daß an Bord des Luxusliners »große Verwirrung« geherrscht und es ganz danach ausgesehen habe, als würde er kentern. Er hatte kurz daran gedacht, einen zweiten Torpedo hinüberzuschicken, aber es war ihm unmöglich gewesen, einen Torpedo in »diese um ihr Leben kämpfende Menschenmenge« zu schießen.

ⵦ

Manche Passagiere und Besatzungsmitglieder hatten von Anfang an keinen Zweifel daran, daß die *Lusitania* zum Untergang verdammt war. Andere dachten, das Schiff hätte die beiden Explosionen ohne schwere Schäden überstanden. Der Qualm verzog sich, und das Schiff fuhr weiter. Die Menschen standen an Deck, wie sie es die ganze Woche über getan hatten, und schauten aufs Meer hinaus. Sie wollten nicht glauben, daß etwas Schwerwiegendes geschehen war.

Chrissie Aitken in ihrer Kabine fragte sich, ob sie krank wurde. Etwas stimmte nicht mit ihrem Gleichgewichtssinn. Dann hörte sie einen Steward im Korridor, der an die Türen klopfte und alle aufforderte, an Deck zu gehen. *Bitte.* Sie ging zur Tür.

»Hinauf, Miss.«

»Was ist los?«

»Beeilung. An Deck. Kümmern Sie sich nicht um Ihre Sachen. Gehen Sie einfach an Deck. Schnell!«

Chrissie öffnete den Mund, um ihn nach dem Grund zu fragen, aber er war schon weg. Sie hörte, wie er weiterhastete und rhythmisch an die Türen pochte. In seinem Cockney-Akzent klang die Aufforderung, an Deck zu gehen, beinah komisch.

Chrissie blieb einen Moment stehen. Sie wünschte, ihr Vater wäre bei ihr. Wo war er? Und ihr Bruder und Jarvie junior? Wußten sie, was passiert war? Hatten sie ihre Schwimmwesten?

Sie mußte die anderen finden. Der Himmel wußte, was sie tun würden, wenn sie nicht da war, um auf sie aufzupassen. Sie ging auf den Korridor und folgte der Menschenmenge, die sich eine breite Treppe hinaufschob, die merkwürdig aus dem Gleichgewicht geraten war.

Kaum an Deck, begriff sie, warum. Das Schiff lag schief im Wasser, so als hätte ein starker Wind es umgeweht. Aber es ging kein Wind. Die Sonne strahlte. Es war ein wundervoller Tag, sonnig und warm. Und die Passagiere strömten plaudernd und sich in alle Richtungen umsehend an Deck, als wollten sie ihn genießen. Doch ihre Gesichter verrieten Unsicherheit und bei einigen offenen Schrecken. Chrissie konnte ihren Vater und die anderen nirgendwo entdecken.

Ein Matrose fuhr sie mit rauher Stimme an: »Wo ist Ihre Schwimmweste, Miss?«

Erschrocken stellte sie fest, daß sie sich wegen der Schwimmwesten der anderen Sorgen gemacht, ihre eigene aber vergessen hatte.

»Ich habe keine«, sagte sie. »Tut mir leid.«

»Nehmen Sie meine«, befahl der Mann. »Hier, ich helfe Ihnen hinein, und dann« – er zeigte auf ein Rettungsboot – »steigen Sie da ein. Keine Widerrede. Tun Sie es – *jetzt!*«

୧୨

*N*ach dem Torpedotreffer gab es einige Verwirrung über die Art der beiden Explosionen. Die meisten sagten übereinstimmend, daß in der Nähe oder unter der Brücke ein Torpedo eingeschlagen war (rechts).

Aber einige meinten auch, das Schiff sei weiter hinten, zwischen dem dritten und vierten Schornstein (oben), von einem zweiten Torpedo getroffen worden, dessen Wirkung wesentlich verheerender war.

MARGARET MACKWORTH SPÜRTE, WIE DAS DECK UNTER IHREN Füßen bebte. Einen Augenblick war Totenstille. Dann erfüllten schrille Stimmen das Schiff. Margaret sah ihren Vater an. Sie wollten gerade in den Aufzug gehen, traten aber beide instinktiv zurück. Das rettete ihnen zweifellos das Leben. Margarets Vater schaute den Korridor hinunter. Dann sagte er seiner Tochter, sie solle die Schwimmweste aus ihrer Kabine holen. Er werde dasselbe tun.

»Wir treffen uns dann auf dem Bootsdeck«, sagte er.

Während sie die Treppen hinunterrannte, stellte Margaret fest, daß sie sich an den Handläufen festhalten mußte. Die Welt begann umzustürzen. Und es war dunkel geworden, obwohl genügend Tageslicht hereindrang, um zu sehen, wo man den Fuß hinsetzte. Trotzdem rutschte ein älterer Mann aus und fiel die Treppe hinunter. Margaret half ihm auf, er bedankte sich und ging, vor sich hin murmelnd, davon. Scharf riechender Rauch zeichnete seltsame Muster in die Luft. Margaret fragte sich, warum sie nicht mehr Angst hatte.

Ihre Kabine lag auf dem B-Deck, am Ende eines kurzen Seitengangs. Während sie auf die Tür zueilte, begann das Schiff zu schlingern. Sie stolperte und stieß mit einer Stewardeß zusammen, die ihr entgegenkam. Absurderweise verschwendeten sie kostbare Sekunden darauf, sich gegenseitig um Entschuldigung zu bitten.

Margaret holte ihre Schwimmweste und trat, nach einem letzten Blick auf ihr Bett, auf dem all die neuen Kleider lagen, die sie bei Saks und Lord and Taylor gekauft hatte,

wieder auf den Korridor, um zur Kabine ihres Vaters zu hasten. Sie hatte so eine Ahnung, daß er dabei sein könnte, seine wertvollen Papiere auszusortieren. Doch er war nicht da, wohl aber seine Schwimmweste. Sie nahm sie, schrieb eine Nachricht für ihn und legte sie auf die Frisierkommode. Dann wartete sie noch einen nervenzerreißenden Augenblick, während vom Korridor her in merkwürdigen kleinen Klangexplosionen das Brabbeln von Stimmen und das Trampeln von Schritten zu hören war. Wo *war* er? War er eine

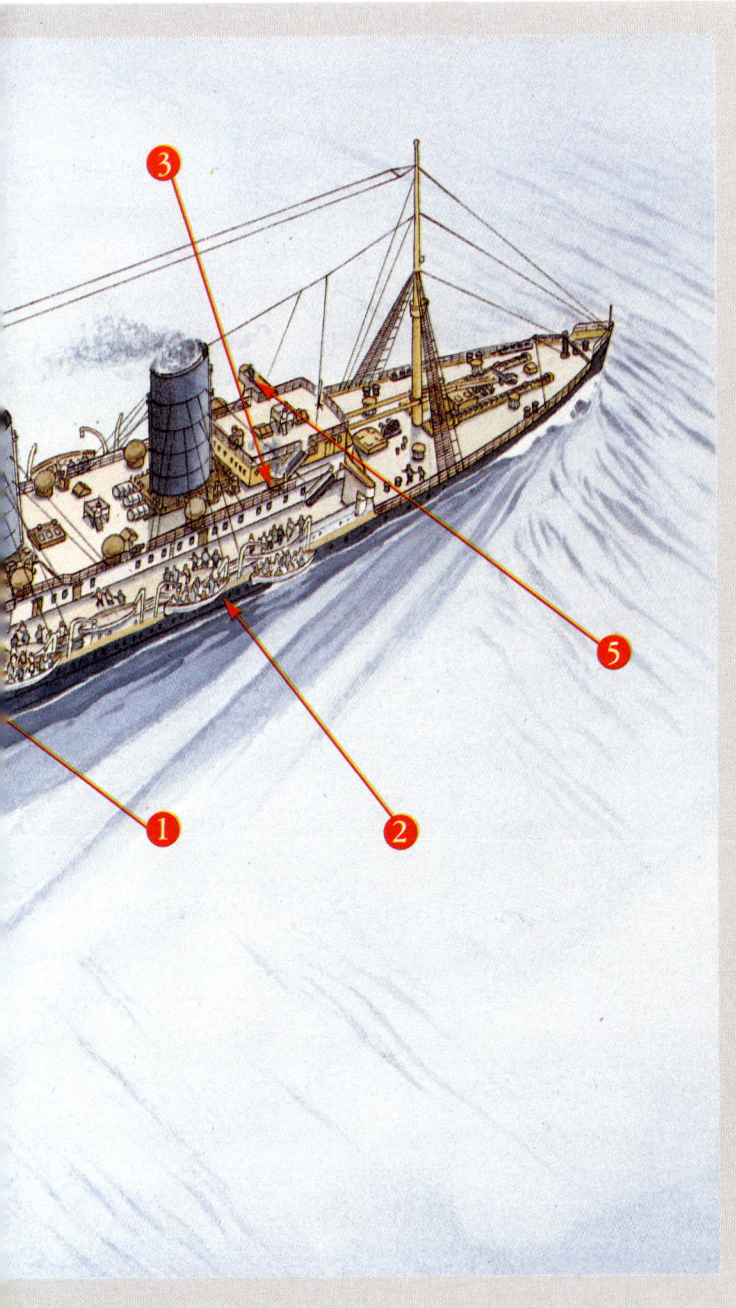

TODESKAMPF EINES LEVIATHANS

Fünf Minuten nach dem Torpedotreffer war die Lusitania verloren. Sie hatte starke Schlagseite nach Steuerbord und bohrte sich, von ihren mächtigen Turbinen angetrieben, buchstäblich selbst ins Wasser.

1 *Vor dem großen Eingang auf dem Bootsdeck bildete sich eine dichte Menschenmenge. Da während der Überfahrt keine Übung an den Rettungsbooten durchgeführt worden war, wußte keiner, was er tun sollte, und so warteten alle auf Anweisungen.*

2 *Auf der Steuerbordseite wurden die Rettungsboote Nummer eins und zwei herabgelassen. Das Boot Nummer fünf war verschwunden – es war durch die Explosion vom Davit gerissen worden.*

3 *Eines der wenigen Zeichen der Zerstörung an Deck war die fehlende Klappe eines der auffallenden Lüfter der Lusitania. Sie war von der mächtigen zweiten Explosion weggesprengt worden.*

4 *In jenen ersten Minuten war eine zweite große Menschenmenge aus dem Innern des Schiffs auf das oberste Deck des Deckhauses der zweiten Klasse geströmt.*

5 *Kapitän Turner, der sich immer noch auf seinem Posten auf der Brücke der Lusitania befand, versuchte das Schiff in der Hoffnung, es auf Grund setzen zu können, auf die irische Küste zuzusteuern.*

Treppe hinuntergefallen wie der Mann, den sie getroffen hatte? Vielleicht lag er, unfähig, sich zu bewegen, irgendwo in einer Ecke. Vielleicht hatte er auch irgendwo eine andere Schwimmweste gefunden und war, wie verabredet, an Deck gegangen. Ja, so mußte es sein.

Der Korridor vor der Kabine war leer, eine kleine Oase der Ruhe. Aber nach ein paar Schritten war sie im Hauptflur, wo eine dichte Menschenmenge zur Treppe strömte. Manche sahen besorgt aus, andere bloß verwirrt, so als wären sie gerade aufgewacht. Margaret eilte die Treppe hinauf ins Sonnenlicht und auf das abschüssige Deck, wo sie mit dem ersten Blick Howard Fisher und Dorothy Conner entdeckte. Matrosen arbeiteten hart daran, eines der Rettungsboote zum Wassern klarzumachen.

»Es wird alles gut werden«, sagte Howard. Die Frauen nickten automatisch, als glaubten sie ihm.

Sie standen schräg auf dem Deck, um das Gefälle auszugleichen. Aus dem Innern des Schiffs drang das Geräusch von sich verbiegendem und verdrehendem Metall. Es kreischte wie ein gequältes Tier.

»Nun, ich wollte ja etwas Aufregung haben«, brachte Dorothy mit einem gequälten Lächeln hervor.

Weiter vorn stolperte eine ineinander verkeilte Traube verschreckter Passagiere mit aufgerissenen Augen aus dem stockdunklen Innern aufs Deck. Ihre Stimmen gellten vor Panik, während sie sich zu dem Rettungsboot drängten, das gerade bereitgemacht wurde. Es gab keine Ordnung, nur den elementaren Kampf ums Überleben. Männer schoben Frauen beiseite, um in das Boot zu gelangen. Den Schiffsoffizier, der die Ordnung wiederherstellen wollte, beachteten sie nicht.

Angewidert sagte Margaret zu Dorothy: »Ich dachte immer, ein Schiffsuntergang wäre eine geordnete Angelegenheit.«

»Ich auch«, erwiderte Dorothy. »Aber ich habe in den letzten fünf Minuten eine Menge dazugelernt.«

Schreie hallten wie schrille Schüsse durch die Luft. Wegen der immer stärker werdenden Schlagseite des Schiffs war ein Rettungsboot beim Herablassen umgekippt worden, und die Insassen waren schreiend und strampelnd abgestürzt, während ihr Boot mitten unter ihnen aufs Wasser klatschte.

Margaret wandte sich entsetzt ab. Sie unternahm keinen Versuch, in ein Rettungsboot zu steigen. Wartete sie darauf,

No. 8.—THE DOOMED "LUSIT

Auf dieser stilisierten Zeichnung aus der damaligen Zeit geht die Lusitania *in fast aufrechter Stellung unter, während irische Fischer auf den Unglücksort zufahren. In Wirklichkeit war das Wassern der Rettungsboote weitaus chaotischer verlaufen als hier dargestellt.*

[SUPPLEMENT TO THE SPHERE, MAY 15, 1915

A" : How the Irish Rescuers Hurried to the Scene of the Tragedy.

DRAWN BY D. MACPHERSON WITH THE ASSISTANCE OF SURVIVORS, MAY, 1915

D ie schnell zunehmende Schlagseite
der Lusitania und die Unerfahrenheit
der Besatzung vereitelten die Versuche, die
Rettungsboote ins Wasser zu lassen.
Auf der Backbordseite mußten sie buchstäblich
auf der Bordwand hinunterrutschen, während
auf der Steuerbordseite mehrere Boote beim
Versuch, sie herabzulassen, umkippten.

daß ein Offizier herbeikam und die Erste-Klasse-Passagiere zu ihren reservierten Plätzen geleitete? Sie wußte es nicht. Ihre wohlgeordnete Welt war plötzlich zerbrochen. In anderen Passagieren hatte sich offenbar ein ähnlich betäubendes Gefühl der Irrealität breitgemacht. Sie irrten über das Deck wie ein Bienenschwarm, der nicht wußte, wo seine Königin abgeblieben war.

Von ihrem Vater war immer noch nichts zu sehen. Um sie herum wimmelte es von fremden Gesichtern. Manche sahen verängstigt aus, andere wie die von Zuschauern bei einem Sportereignis, die sich nichts von dem Geschehen entgehen lassen wollten, aber anscheinend glaubten, das alles hätte keinen unmittelbaren Einfluß auf ihr eigenes Wohlbefinden. Ein Mann hatte Schwierigkeiten, sich eine Zigarette anzuzünden. Die Streichhölzer gingen alle wieder aus, was ihn aus unerfindlichen Gründen zu amüsieren schien. Die Menschen bewegten sich seltsam ruckartig, wie Figuren in einem Film.

Howard fiel plötzlich auf, daß er und Dorothy keine Schwimmwesten hatten, und er rannte davon, nachdem er versprochen hatte, in ein paar Minuten zurück zu sein.

In dem Augenblick, als er auf der Treppe verschwand, bewegte sich das Schiff und richtete sich etwas auf. Als hätten Howards Schritte ausgereicht, das riesige Schiff wieder in die Normallage zu bringen, dachte Margaret und schalt sich selbst dafür, daß sie derart lächerlichen Gedanken nachhing, während das Schiff unter ihr wegsank und ihr Vater verschollen war.

»Es hat sich aufgerichtet«, rief jemand aus. »Ich habe es ja gesagt. Es wird sich alles wieder einrenken.« Es klang, als wollte es der Mann mindestens ebenso sehr sich selbst wie den Umstehenden einreden. Ein anderer erklärte seltsam gelassen, die berühmten Sicherheitseinrichtungen des Schiffs seien jetzt dabei, die Situation zu bereinigen. Die Schotten seien geschlossen worden. Bald werde alles wieder normal sein.

Dann bewegte sich das Schiff erneut, wie ein gewaltiges Wesen, das im Schlaf gestört worden war. Ächzend, quietschend, knarrend, schien es kurz davor zu stehen, ganz umzukippen. Margaret griff nach einem Handlauf, um sich festzuhalten. Sie fragte sich, ob dies das letzte war, was sie jemals sehen würde. Sie dachte an ihren Mann. Er hatte keine Ahnung davon, was hier geschah, nicht im geringsten. Es war unglaublich.

Unter ihren Füßen waren Stöße und Schläge zu hören. Das Schiff hatte seine ganze Solidität verloren. Dampf- und Qualmwolken quollen aus ihm heraus und ließen Ruß aufs Deck regnen.

Ein Offizier rief durch den Trichter seiner Hände: »Der Kapitän bittet alle, die Ruhe zu bewahren. Keine Sorge, alles wird gut werden.«

»Macht er Witze?« meinte Dorothy, wiederum mit einem mutigen Lächeln.

Howard kehrte zurück, durchnäßt, mit feuchten, auf der Stirn klebenden Haaren anstelle seiner sonst so makellosen Frisur, aufgerissenem Kragen und verrutschter Krawatte. Er mußte sich am Handlauf die Treppe hochziehen.

»Auf die Rettungsboote ist kein Verlaß«, sagte er. »Wir werden springen müssen.« Es klang so, als würde er ihnen verkünden, daß sie im Veranda-Café zu Abend essen mußten, weil der Speisesaal voll war. Er gab Dorothy eine Schwimmweste und berichtete, daß er durch tiefes Wasser waten mußte, um die Westen aus der Kabine zu holen.

»Haben Sie meinen Vater gesehen?« fragte Margaret.

»Tut mir leid.«

Margaret biß sich auf die Lippen. Wo war er? Warum war er nicht an Deck gekommen, wie er es versprochen hatte? Die Verzweiflung wuchs wie eine Krankheit in ihr heran.

Sie sah über die Reling. Das Wasser war nur noch wenige Meter unter ihr. Die Passagiere standen am Rand des Decks, als bereiteten sie sich darauf vor, in einen Swimmingpool zu springen. Um das Schiff herum tauchten Köpfe auf und ab und reckten sich Arme hilfesuchend aus dem Wasser.

Die alte Wasserscheu legte sich wie ein eisiger Würgegriff um Margarets Hals, aber sie schaffte es, ihn abzuschütteln. *Denk nach. Sei vernünftig.*

Ich sollte lieber den Rock ausziehen, dachte sie, während sich das Deck immer mehr zum Wasser neigte. *Ich kann mit ihm nicht schwimmen, oder?* Sie mußte zugeben, daß sie auch ohne Rock nicht besonders gut schwimmen konnte.

»Wir müssen ...«, drängte Howard.

»Ich weiß, aber ...«

Und dann blieb ihnen keine Zeit mehr. Das Meer hatte sie erreicht. Es sprudelte in Luken und Lüfter, um die jetzt leeren Davits herum und riß Teile der Reling mit sich, während es gierig von dem sterbenden Schiff Besitz ergriff.

AVIS DOLPHIN HATTE MIT IHREN FREUNDINNEN HILDA ELLIS und Sarah Smith Mittag gegessen, als der Torpedo einschlug. Ein dumpfes Geräusch schreckte sie auf. Dann schien sich der Raum zu schütteln wie ein Hund, der aus dem Wasser kommt. Gabeln hingen bewegungslos in der Luft. Die Menschen schauten sich an. Was ging hier vor?

Die zweite Explosion war wie eine Antwort auf diese Frage. Sie klang völlig anders, und sie schien mitten im Herzen des Schiffs ausgebrochen zu sein. Teller und Gläser rutschten von den Tischen. Ein Kellner fiel hin, und sein Tablett krachte mitsamt seiner Last zwischen den sitzenden Passagieren auf den Boden.

»Ein Torpedo!«

Das Wort erfüllte Avis mit Angst. Sie hatte die Gespräche der Erwachsenen mit angehört. Über U-Boote. Über Torpedos. Aber hatten sie nicht auch gesagt, daß kein U-Boot der Welt die *Lusitania* einholen könnte? Sie hatten alle so zuversichtlich geklungen, daß sie nicht weiter darüber nachgedacht hatte.

Plötzlich sprangen die meisten von den Tischen auf und stürzten verwirrt und verängstigt auf die Tür zu. Avis verlor Hilda, die neben ihr gesessen hatte, aus den Augen.

»Komm, Avis. Nimm meine Hand. Na, los!«

Avis schaute verwirrt auf. Vor ihr stand Mr. Holbourn, der Schotte mit dem Tweedanzug. Er kaute immer noch und wirkte eigentlich ganz unbesorgt, so als wollte er zurückkommen und weiteressen, wenn das hier vorüber war. Ruhig ihre Hand haltend, blieb er mit Avis hinter den panischen Menschentrauben, die sich durch die Türen zu quetschen versuchten.

Als der Weg frei war, ging Holbourn, mit Avis im Schlepptau, los. Hilda und Sarah folgten ihnen. Das Deck kippte zur Seite. Man hörte einen Schrei, dann einen lauten Befehl.

In der Kabine nahm Holbourn die Schwimmwesten vom Regal und half Avis beim Anziehen, während er, leise vor sich hin murmelnd, die Instruktionen durchlas. Nachdem er die Riemen um Avis' Hüfte und Schultern festgezogen hatte, sagte er: »Du mußt keine Angst haben. Es wird bestimmt alles gut werden. Aber Vorsicht ist besser als Reue. Wir werden nach oben an Deck gehen. Ich denke, wir werden bald zurück sein ...«

Er grinste kurz, als er Avis' Hand nahm. »Also, gehen wir an Deck. Ich möchte wirklich gern wissen, was los ist. Du nicht auch?«

Die vier verließen die Kabine und gingen die Treppe hinauf. Sie waren fast oben angekommen, als das Licht ausging.

❧

KAPITÄN TURNER HATTE ANGEORDNET, NACH BACKBORD ABzudrehen, auf die in der Sonne schimmernde Küste zu, die so nah zu sein schien. Der Bug schwenkte langsam um ein oder zwei Grad zur Seite.

In diesem Augenblick fielen die elektrische und die hydraulische Anlage des Schiffs aus.

Für die Passagiere tief unten im Schiff war der Stromausfall katastrophal. Sie konnten nichts mehr sehen. Die vertrauten Korridore und Treppen wurden plötzlich zu Hinderniskursen. Wenn jemand ein Streichholz entzündete, trampelte sich die Menge bei dem Versuch, die flackernde Flamme nicht aus den Augen zu verlieren, gegenseitig auf die Füße. Wo keine Streichhölzer oder Taschenlampen vorhanden waren, hatte man keine andere Wahl, als sich durch die Dunkelheit zu kämpfen.

Die Aufzüge der ersten Klasse, auf die man so stolz gewesen war, wurden zu Todesfallen. Die Passagiere, die sich in ihnen befanden, konnten nicht heraus, und diejenigen, die draußen waren, konnten nicht hinein, um ihnen zu helfen.

Nicht weniger hilflos waren die drei in ihre Zellen eingeschlossenen angeblichen Saboteure. Sie müssen gehört haben, wie das Wasser hereinströmte, noch bevor sie es sehen konnten. Die einsame Glühbirne über ihren Köpfen sollte bald ausgehen. Sie schrien zweifellos um Hilfe. Aber ihre Schreie verhallten ungehört.

❧

LESLIE MORTON, DER MATROSE, DER DEN NAHENDEN TORpedo als erster bemerkt hatte, suchte verzweifelt nach seinem Bruder John. *Er hat frei,* überlegte er, *also könnte er überall sein. Wo soll ich zuerst nachsehen? In den Mannschaftsquartieren? Ja, das ist eine gute Idee.* Er rannte los. Ihm war, als würde er bergab laufen, aber das bildete er sich hoffentlich nur ein. Er stolperte die verrückt geneigte Treppe hinunter. Es war wahrscheinlich dumm, nach John zu suchen. Er saß bestimmt schon in einem Rettungsboot und fragte sich, wo *er* war ...

Er hätte John fast umgerannt, als sie sich auf der Treppe entgegenkamen. Sie sagten sich gegenseitig fast unisono, daß das Schiff torpediert worden war und daß sie zusehen sollten, in das Rettungsboot zu kommen, dem sie zugewiesen worden waren ...

DIE NEUNJÄHRIGE EDITH WILLIAMS HIELT IHRE SCHWESTER Florence an der Hand. Das kleinere Mädchen weinte; sie mochte es nicht, wie ein Sack Kartoffeln herumgeschubst zu werden. Ohne nachzudenken, erklärte ihr Edith, daß sie ein Problem hätten. Sie müßten Mummy finden, aber alles würde gut werden. Edith und Florence waren an Deck gewesen, als der Torpedo einschlug. Kurz darauf war das Chaos ausgebrochen. Wo waren ihre Mutter und die anderen? Und was sollten sie jetzt tun? Männer, Frauen und Kinder irrten auf dem Deck herum, rutschten aus und schnappten nach allem, woran man sich festhalten konnte. Die meisten wirkten benommen, so als könnten sie nicht glauben, was passierte.

Edith wußte nicht, was sie tun sollte. Niemand half ihnen. Niemand sprach die beiden Kinder an. Sie versuchte einen Matrosen um Rat zu fragen, aber er hastete, mit irgendeinem größeren Problem beschäftigt, achtlos vorbei. Der Blick nach vorn war schreckenerregend. Es sah aus, als würde sich der Bug ins Meer bohren. Wasser leckte hungrig über das Holzdeck und ergoß sich gurgelnd in Lüfter und Luken. Edith zerrte wieder an Florence' Hand und erhielt ein müdes, protestierendes Quieken zur Antwort.

»Hier lang«, sagte Edith. Sie marschierten das steil aufragende Deck hinauf. Über ihnen erhoben sich als Symbole der Stärke die riesigen Schornsteine. Edith versuchte instinktiv, sie zu erreichen. Als sie zu einem der Lüfter kamen, zog sie Florence zur Seite. Aus dem gebogenen Rohr kamen schreckliche Laute – die angstvollen, verzweifelten Stimmen jener, die immer noch tief unten in der furchterregenden Finsternis feststeckten.

Jemand schrie: »Es geht unter!«

Edith spürte, wie das Deck unter ihren Füßen wegrutschte.

❦

AN LAND STARRTE DIE FAMILIE HENDERSON GEBANNT AUFS Wasser. Es war ein schöner Tag, und sie hatten ihr Picknick genossen, nachdem sie von Bandon aus sechzehn Kilometer zu ihrem Lieblingsplatz in der Nähe des Hafens von Kinsale hinausgefahren waren. Im Westen tauchte ein großes Dampfschiff auf. Die *Mauretania?* Die *Britannic?* Die *Aquitania?* Die *Lusitania?* Die *Olympic?* Alles britische Linienschiffe mit vier Schornsteinen, die besten auf den Weltmeeren. Was für ein grandioser Anblick das Schiff doch war, mit dem in der Sonne schimmernden Rumpf und dem von den hohen Schornsteinen nach hinten verwehenden Rauch.

Dann geschah es. Eine große Fontäne aus Qualm und Wasser schoß aus dem Meer und hing wie losgelöst in der Luft. Das Schiff fuhr, offenbar unbeschädigt, weiter, während die Fontäne blieb, wo sie war. Im nächsten Moment hallte ein scharfer Knall über die glatte Wasserfläche, und die Fontäne brach in sich zusammen.

Die Hendersons konnten kaum glauben, was sie sahen. Das Undenkbare war passiert, vor ihren Augen.

In dem nahe gelegenen Fischerdorf Kinsale verbreitete sich die Neuigkeit schnell. Die Deutschen hatten die *Lusitania* erwischt. Sie hatten gesagt, daß sie es tun würden, und jetzt hatten sie es getan.

Jemand rief Vizeadmiral Coke in Queenstown an. Ein Sekretär nahm die Nachricht entgegen, schien aber nicht ganz überzeugt davon zu sein.

❦

DIE KESSELRÄUME WAREN ZWAR BESCHÄDIGT, LIEFERTEN ABER immer noch Energie, und so fuhr das Schiff weiter. Aber seine Fahrt war nicht mehr zielgerichtet. Es fuhr, außer Kontrolle geraten, sinnlos im Kreis herum.

Offiziere und Besatzung bemühten sich verzweifelt, die Rettungsboote zu Wasser zu lassen, mußten aber feststellen, daß es mit einer Mannschaft aus unwissenden und unerfahrenen Matrosen fast unmöglich war, ein vollbesetztes Rettungsboot, das noch dazu an verhedderten Seilen hing, herabzulassen. Und die Schlagseite des Schiffs wurde immer schlimmer. Sie hatte die Backbordseite in einen abschüssigen Hinderniskurs aus Nietenköpfen, Flanschen, Luken und tausend anderen vorspringenden Teilen verwandelt. Die meisten Rettungsboote wurden zu Kleinholz, während sie, gefolgt von ihren kreischenden, strampelnden Insassen, wie wahnwitzige Schlitten den Rumpf hinunterrutschten.

Der Dritte Offizier Albert Bestic wartete auf die Anordnung, sein Rettungsboot zu bemannen.

Ein, zwei Boote hatten es jedoch, so unglaublich es war, trotz der Hindernisse geschafft, ohne größere Schäden auf der Wasseroberfläche anzukommen.

Die Kommunikation auf dem sinkenden Schiff war chaotisch. Ein Befehl widersprach dem anderen. Der junge Dritte Offizier Albert Bestic, der für Rettungsboot Nr. 10 verantwortlich war, hatte die Anweisung, nicht zuzulassen, daß die Passagiere das Boot bestiegen. Der Kapitän habe den Befehl noch nicht erteilt, erklärte er. Ein Mann beschimpfte ihn und hielt ihm lautstark vor, daß auf der Steuerbordseite schon viele Boote heruntergelassen worden seien. »Dann gehen Sie doch auf die Steuerbordseite«, schrie Bestic zurück. Was für ein verdammtes Durcheinander, dachte er. Und eine Schande. Die Passagiere hatten keine einzige Übung an den Rettungsbooten mitgemacht. Sie wußten nicht, was sie zu tun hatten. Sie wußten nicht einmal, wie die Schwimmwesten anzulegen waren. Manche hatten sie verkehrt herum angezogen. Unter der Besatzung gab es allerdings auch nur wenige, die besser informiert waren. Bestic hatte den Kapitän erst wenige Minuten zuvor gesprochen. Turner schien nicht akzeptieren zu können, daß die *Lusitania* sank. Er glaubte immer noch, daß er sie retten konnte. Nach Bestics Meinung hatte er jedoch keine Chance.

Ein Mann versuchte, in das Boot zu klettern, und Bestic befahl einem Matrosen, ihn herauszuholen. Der Matrose tat es, indem er nur wenige Zentimeter vor den schreckensweiten Augen des Mannes eine schwere Axt durch die Luft sausen ließ.

Weiter vorn riß sich ein Rettungsboot los und rutschte durch eine aufschreiende Menge hindurch über das Deck.

Anderson, der Erste Offizier, erschien, zerzaust und durchnäßt. Er befahl Bestic, auf die Brücke zu gehen und Turner vorzuschlagen, die Backbordtanks zu fluten. »Es wird das Schiff aufrichten«, sagte er. »Dann können die Boote sicher zu Wasser gelassen werden.« Er klang nicht gerade zuversichtlich.

Bestic bahnte sich durch dichte Trauben verängstigter Passagiere hindurch einen Weg nach vorn. Sie fragten ihn, was sie tun sollten, manche mit ausgesuchter Höflichkeit, so als wollten sie sich dafür entschuldigen, daß sie seine kostbare Zeit in Anspruch nahmen.

»Warten Sie auf Anweisungen«, sagte er ihnen. »Der Kapitän weiß, was am besten ist.«

Bestic kletterte, halb auf den Stufen, halb auf dem Geländer, den Aufgang hinauf und hielt sich an allem fest, was ihm in die Finger kam, um nicht das Gleichgewicht zu verlieren.

Schließlich erreichte er die Brücke. Kapitän Turner war allein. Er hielt sich am Handlauf fest und starrte mit leerem Gesichtsausdruck, so als wäre das alles zuviel für ihn, aufs Vordeck. Bestic übermittelte Andersons Vorschlag. Turner sah ihn an, reagierte aber nicht. Er hatte augenscheinlich jede Hoffnung aufgegeben.

Bestic wandte sich ab. Das vertraute Deck unter ihm, das einst so ordentlich gewesen war, hatte sich in ein Tollhaus verwandelt. Es klang, als hätten sich Millionen Vögel zu einem Verzweiflungsflug erhoben. Inmitten einer Kakophonie aus Gebrüll und Gekreisch krachten Rettungsboote ins Wasser, weil Passagiere oder Matrosen bei dem verzweifelten Versuch, von dem sinkenden Schiff wegzukommen, die Seile gekappt hatten. In einigen Booten suchten Matrosen hektisch nach Rudern oder Riemendollen. Andere bemühten sich, die Rettungsflöße freizubekommen, und hieben mit Äxten auf rostige oder defekte Halterungen ein. Einige Besatzungsmitglieder standen mit gekreuzten Armen da und blickten mit derselben Verwirrung und Unsicherheit wie die Passagiere auf den Alptraum, der sich vor ihren Augen abspielte. Andere retteten sich selbst, indem sie sich ein Rettungsfloß schnappten und von Bord gingen, ohne die flehentlichen Hilferufe der Passagiere zu beachten.

Schwester Alice Lines brachte die ihr Anvertrauten beim ersten Anzeichen der Katastrophe an Deck.

SCHWESTER ALICE LINES WUSSTE GENAU, WAS IHR ARBEITGEBER, Oberstabsarzt Warren Pearl, von ihr erwartet hätte. Sie wickelte die winzige Audrey in einen Schal, hängte sich das zappelnde kleine Bündel um den Hals, nahm den fünfjährigen Stuart an die Hand und sagte ihm, daß es Zeit sei, an Deck zu gehen. Stuart strahlte. Er liebte es, an Deck zu gehen.

∽

OLIVER BERNARD SAH LESLIE MASON IM DURCHEINANDER des Veranda-Cafés. Wie so viele andere schien auch sie unfähig, etwas zu tun. Als Bernard sie ansprach, schüttelte sie nur den Kopf. Sie könne ihren Mann nicht finden, sagte sie. Tränen rannen über ihre Wangen. Wo war er? Warum war er nicht bei ihr geblieben? Sie klang, als hätte sie Bernard im Verdacht, ihn vor ihr zu verstecken.

»Wo ist Ihre Schwimmweste?« fragte Bernard.

»Schwimmweste? Ich weiß nicht ...«

Bernard sagte ihr, daß sie bleiben solle, wo sie war; Stewart werde bald zurück sein. »Wirklich?« fragte sie. Ganz bestimmt, versicherte er ihr und versprach, eine Schwimmweste für sie zu suchen. Sie solle das Café nicht verlassen. Sie nickte.

Bernard erreichte den großen Haupteingang am oberen Ende der Treppe zum Bootsdeck. Dort sah er Alfred Vanderbilt, der in einem eleganten grauen Anzug mit gepunkteter Krawatte dastand und sich über das Durcheinander um ihn herum zu amüsieren schien, so als wäre es eine große Show, die extra seinetwegen aufgeführt wurde. Bernard stolperte im trüben Licht weiter. Er fand eine Schwimmweste, aber Leslies Mann war nirgendwo zu sehen. Dann eilte er, an Trauben verängstigter, verwirrter Passagiere vorbei, zum Veranda-Café zurück. Wo war Leslie? Er sah sich immer noch nach ihr um, als ihm jemand die überzählige Schwimmweste aus der Hand riß.

∽

ALS IHN ALICE LINES DIE TREPPE HOCHZERRTE, FING STUART Pearl an zu weinen. Er war alt genug, um zu begreifen, daß seine geordnete Welt aus den Fugen geraten war. Die Tränen rannen ihm über die Wangen, aber er ließ Alices Hand nicht los.

Sie erreichten das Deck, und Alice sah sich um. Wo war der Rest der Familie Pearl? Sie hatte gehofft, ihren Arbeitgeber dort vorzufinden und ihm die Verantwortung für seine Kinder übergeben zu können ...

»Komm her, Junge.«

Zum Entsetzen von Alice beugte sich ein Matrose zu Stuart hinab, hob ihn hoch und reichte ihn den Insassen eines Rettungsboots, das gerade herabgelassen werden sollte.

Alice wollte protestieren, hielt sich aber zurück und ent-

schied sich statt dessen dafür, Stuart in das Boot zu folgen. Die Sicherheit der Kinder kam vor allem anderen. Als sie in das Boot steigen wollte, hielt sie jedoch ein Offizier am Arm zurück: »Sie können nicht in dieses Boot, Miss. Es ist voll.«

»Aber ich muß. Mein Junge ist da drin.«

Er schüttelte mit schmalen, entschiedenen Lippen den Kopf und wandte sich den Matrosen zu.

»Hinunterlassen!«

Alice verfolgte, wie das Boot über das schäumende Wasser geschwenkt wurde. Jetzt war keine Zeit zum Nachdenken. Es war nur noch Zeit zu tun, was zu tun war.

Sie stieß sich in dem verzweifelten Versuch, das in der Luft hängende Boot zu erreichen, vom Deck ab. Ein Matrose sah ihr mit offenem Mund nach, und hinter ihm starrte eine Frau ungläubig auf die Szene.

In diesem Augenblick wußte Alice, daß sie sich verschätzt hatte. Als sie sprang, schwang das Boot von ihr weg. Ihre Finger kratzten über die glatte, lackierte Oberfläche, aber sie konnte sich nirgendwo festklammern. Sie spähte zum Wasser hinunter – zu den Menschen, die es mit ihren hektischen Bewegungen aufwühlten, und dem unglaublichen Gewirr von schwimmendem Krimskrams: Direkt unter ihr sah sie eine riesige Kiste. Sie stöhnte auf; sie dachte, sie würde auf ihr aufschlagen. Aber sie verfehlte sie. Knapp. Doch als sie aufs Wasser klatschte, verschlug es ihr fast den Atem. Prustend nach Luft schnappend tauchte sie unter, und sie kämpfte darum, nicht das Bewußtsein zu verlieren. Das Bündel mit dem Baby hing ihr immer noch um den Hals.

Sie öffnete unter Wasser die Augen und sah ihre eigenen Haare wie eine Fahne um sich herum ausgebreitet. Normalerweise steckte sie sie zu einem Knoten auf, aber dazu war keine Zeit mehr gewesen, bevor sie an Deck gingen. Es hat ihr und Audrey vermutlich das Leben gerettet.

Als sie auftauchte, griffen kräftige Hände nach ihren Haaren. Es tat höllisch weh. Sie öffnete den Mund, um zu protestieren, aber das Wasser, das sie schlucken mußte, hinderte sie daran.

Sie sah Sonnenschein und Gesichter. Eine Hand ergriff ihre Schulter.

»Komm schon, Kleines.«

Dann lag Alice zwischen und auf den Menschen im Boot und würgte das Salzwasser aus sich heraus.

Stuart saß auf dem Schoß einer Frau. Er lächelte, als er Alice sah. Aber Audrey in dem Bündel um ihren Hals brach

In der Eile kippten viele Rettungsboote um, so daß ihre Insassen ins Wasser stürzten.
Andere wurden auf Menschen herabgelassen, die schon im Wasser waren.

in Tränen aus. Das eisige Bad hatte ihr ganz und gar nicht gefallen.

Alice fand sich auf einem harten Sitz neben einem Franzosen wieder. Er hätte Platz für sie gemacht, sagte er, und Alice brachte ein, zwei Worte des Danks hervor.

»Sie haben wahrscheinlich Ihren Mann verloren«, fuhr er fort. »Aber keine Sorge. Ich bin reich. Ich werde mich um Sie kümmern.«

»Vielen Dank«, sagte Alice und fragte sich, ob sie wohl die erste Frau war, der während eines Schiffsuntergangs ein Antrag gemacht wurde.

ᴄᴏ

Avis Dolphin hatte in ihrem ganzen zwölfjährigen Leben noch nie soviel Angst gehabt. Das Rettungsboot, in dem sie und ihre Freundinnen Hilda und Sarah saßen, hatte wie ein verrücktes Karussell auf einem Rummel geschaukelt und war, gegen den Schiffsrumpf krachend, zuerst mit dem Bug und dann mit dem Heck abgesackt, während die Insassen schrien und sich aneinanderklammerten. Schließlich hing das Boot nur noch vierzig, fünfzig Zentimeter über dem Wasser. Sie waren fast angekommen.

»Danke, Gott«, stieß einer der Passagiere hervor.

»Danken Sie lieber denen dort«, sagte ein anderer und wies auf die Matrosen, die sich noch an Bord der *Lusitania* befanden. Sie schauten zu dem Rettungsboot und seinen Insassen herunter, und einer von ihnen winkte und grinste, als wäre alles in Ordnung.

Der riesige Schiffsrumpf war bedrohlich über das winzige Boot geneigt. Es sah aus, als würde er jeden Augenblick umkippen und alles unter sich zerquetschen.

Plötzlich sah Avis neun Meter über sich zwei Männer, die mit rudernden Armen, so als versuchten sie zu fliegen, von Bord stürzten.

Sie hörte das Splittern von Holz, und das auseinanderbrechende Boot kippte um.

Eisiges Wasser umschloß sie. Sie schien Unmengen davon zu schlucken, bevor sie, wild nach Luft schnappend, wieder an die Oberfläche kam. Jemand schrie in Todesangst, und ein anderer fuhr ihn an, still zu sein. Avis entdeckte ein in der Nähe treibendes Rettungsfloß und schwamm darauf zu. Aber wo waren Hilda und Sarah?

ᴄᴏ

Chrissie Aitken stieg in ein Rettungsboot, das gerade hinabgelassen wurde. Die Suche nach ihrer Familie war erfolglos geblieben. Als jemand ihr sagte, daß sie vielleicht schon mit einem Rettungsboot fort seien, hatte sie eine Welle der Erleichterung verspürt. Das mußte die Erklärung sein. Sie stieß sich schmerzhaft am Knie, als sie in ein halb leeres Rettungsboot kletterte. Es ächzte und knirschte, und die Seile quietschten, als es entsetzlich schwankend und schaukelnd in aller Hast ruckartig hinabgelassen wurde. Chrissie hatte gesehen, wie zwei andere Rettungsboote hinuntergelassen wurden. Beide waren gekentert, als sie auf die Wasseroberfläche klatschten. Die Insassen schwammen immer noch wild herum und versuchten sich in Sicherheit zu bringen, als das nächste Boot zwischen ihnen aufs Wasser krachte. Chrissie traf eine Entscheidung. Sie würde nicht abwarten, bis ihr Boot umkippte. Sie würden hinausspringen, bevor es die Wasseroberfläche erreichte.

Sie tauchte unter und kämpfte instinktiv gegen den mächtigen Sog an, der sie zum Schiff zog. Sie bemerkte im Rumpf der *Lusitania* ein großes Loch mit verbogenen Stahlspitzen am Rand. Erschrocken stellte sie fest, daß sie von diesem aufgerissenen metallischen Schlund angezogen wurde. Sie kämpfte mit aller Kraft dagegen an und stieß sich mit den Füßen von der Metallfläche ab.

Plötzlich drang sie durch die Wasseroberfläche. Das Sonnenlicht blendete sie. Dann sah sie, immer noch nach Luft schnappend, ein Floß, auf dem zwei Männer saßen, die ihre Füße ins Wasser hängen ließen. Einer von ihnen griff nach ihrer Hand und zog sie auf das Floß.

ᴄᴏ

Obwohl er nicht viel Erfahrung auf See hatte, zweifelte Leslie Morton nicht daran, daß das Schiff untergehen würde. Er *fühlte* fast, wie das arme Ding unter seinen Füßen sein Leben aushauchte.

Er half, ein Rettungsboot auf der Steuerbordseite herabzulassen. Der Offizier, der das Kommando übernommen hatte, schien zu wissen, was er tat. Er sorgte mit Halteketten dafür, daß das Boot nicht zu weit von der steil geneigten Bordwand wegschwang.

»Hinunterlassen!«

Ein weiteres Boot stürzte nach unten und verstreute seine Insassen über das Wasser. Es sah aus, als würden Puppen aus dem Spielzeugregal eines Kindergartens purzeln.

ᴄᴏ

Kapitän Turner hatte versagt. Am Ende hatten sein Wissen und seine Erfahrung nichts genutzt. Sein Schiff sank unter ihm weg. Unter ihm irrten Passagiere und Besatzung in dem verzweifelten Versuch, sich zu retten, über das Deck. Turner rührte sich nicht von der Stelle. Er würde mit seinem Schiff untergehen. Er hatte keine Angst davor zu sterben. Es war der Alternative in jeder Hinsicht vorzuziehen.

Den Handlauf umklammernd, verfolgte er, wie das schäumende Wasser näher und näher kam.

∾

ES WAR NICHT MEHR NÖTIG ZU SPRINGEN. DAS WASSER KAM zu ihr; es umspülte bereits ihre Füße. Margaret Mackworth ging vage der Gedanke durch den Kopf, daß ihre Wasserscheu eine Art Prophezeiung dieses Augenblicks gewesen sein könnte. Dorothy Conner nahm ihre Hand. Als sie ins Wasser gingen, rief ein Offizier: »Bleiben Sie, wo Sie sind!« Margaret überlegte, ob er sie gemeint hatte. Aber was spielte es für eine Rolle? Sie hätte nicht bleiben können, selbst wenn sie gewollt hätte. Sie sah einen Mann im Wasser, der sich an einem Faß festhielt.

Das kalte Wasser schloß sie jetzt völlig ein. Dorothys Hand entglitt ihrem Griff.

Dichte, eisige Dunkelheit umgab sie. Ihr Handgelenk verfing sich für einen Augenblick in einem Seil. Sie machte es frei und sah dem Seil nach, das sich, eine Blasenspur hinter sich herziehend, wie eine Schlange durchs Wasser wand.

Margaret versuchte zu schwimmen, aber etwas in ihrer rechten Hand hinderte sie daran, den Arm richtig durchzuziehen. Es dauerte einen Moment, bis sie bemerkte, daß es die Schwimmweste war, die sie für ihren Vater bereitgehalten hatte. Warum, fragte sie sich, hatte sie es geschafft, die Schwimmweste festzuhalten, nicht aber Dorothys Hand?

Sie stieß, hustend und nach Luft ringend, durch die Wasseroberfläche. Die Schwimmweste funktionierte gut; sie konnte sich entspannen und einen Augenblick nachdenken. Sie musterte die zwischen dem Treibgut auf und ab hüpfenden Köpfe, konnte aber weder ihren Vater noch Dorothy oder Howard entdecken. Neben ihr trieb ein großes, lackiertes Holzstück im Wasser – ein Teil eines Lukendeckels, wie es aussah. Sie streckte die Arme aus und zog sich halb hinauf. Sie war jetzt im Besitz von zwei Schwimmwesten und einer großen Holzplatte: ein geradezu unglaublicher Reichtum.

Liegestühle, Tische, Lukendeckel, Polster, Kisten, Fässer, Anzüge, Kleider, Hüte, eine Violine, ein Koffer trieben vor-

bei – die Überreste eines großen, stolzen Schiffs und zahlloser Leben.

Ein ungeschickt aufs Wasser platschender Mann mit einem blonden Schnurrbart und vor Angst geweiteten Augen griff nach dem Lukendeckel und kippte ihn fast um. Margaret wollte ihm sagen, daß er loslassen solle; die Platte sei zu klein, um zwei Menschen zu tragen. Aber sie war es nicht. Sie trug sie beide. Als der Mann jedoch auf ihre Seite hinüber wollte, begann sich die Platte zu neigen. Er brachte sie aus dem Gleichgewicht. Merkte er das denn nicht?

Sie stellte fest, daß sie ihre ganze Kraft zusammennehmen mußte, um zu sprechen. Ihre Stimme schien keine Resonanz zu haben.

»Zurück mit Ihnen«, stieß sie schließlich hervor.

Der Mann nickte und hangelte sich, Hand über Hand, an seinen ursprünglichen Platz zurück. Er sagte kein Wort.

Margaret wurde sich der Stimmen um sie herum bewußt und sah sich um. Einige beteten in seltsam emotionsloser Weise. Andere riefen mit dumpfer, hoffnungsloser Stimme nach Booten, die sie retten sollten.

Von Howard oder Dorothy war nichts zu sehen.

Auch nicht von ihrem Vater. Und, als sie sich wieder umwandte, auch nicht von dem Mann mit dem blonden Schnurrbart.

∾

OLIVER BERNARD RUTSCHTE EINFACH VON BORD, ALS DIE Schlagseite des Schiffs zu stark wurde. Obwohl er nicht schwimmen konnte, schaffte er es, in ein voll Wasser stehendes Rettungsboot zu klettern, das immer noch am Schiff festgemacht war. Bernard und andere bekamen es gerade noch rechtzeitig frei, denn wenige Augenblicke später krachten die enormen Schornsteine der *Lusitania* ins Wasser. Eine Frau, deren bleiches Gesicht von Todesangst verzerrt war, wurde in einen von ihnen hineingezogen und verschwand, um einen Moment später, von dem Schornstein mitsamt einer Rußwolke ausgespien, wieder aufzutauchen.

Das Schiff trat seine letzte Fahrt an. »Es dauerte nicht länger als einen Lidschlag«, sagte Bernard später einem Reporter gegenüber, »bis das Riesenschiff unter den entsetzlichen Schreien jener, die auf ihm gefangen waren, verschwunden war. Was ich im Wasser sah, vermag ich kaum zu beschreiben. Es war eine einzige lange Todesszene. Überall trieben Trümmer, und Männer, Frauen und Kinder klam-

A m Ende glitt die Lusitania in einem flachen Winkel unter Wasser. Viele Rettungsboote waren gar nicht heruntergelassen worden, und Hunderte von Menschen wurden in den letzten Augenblicken von Bord gespült.

merten sich in ihrem Überlebenskampf an die Liegestühle und Flöße, die das Wasser bedeckten. Viele waren zwischen Sesseln, Flößen und umgekippten Booten eingeklemmt, und einer nach dem anderen sanken sie weg und übergaben sich dem Tod. Ein armer Kerl wurde von dem Ruder getroffen, an dem ich zusammen mit einem Steward saß. Wir trafen

N achdem die Lusitania *gesunken war, stieg nach Augenzeugen-*

ihn mit voller Wucht am Kopf, doch er griff nach dem Ruder und krallte sich wie der Teufel so lange daran fest, bis wir in der Lage waren, ihn ins Boot zu ziehen. Als nächstes sahen wir eine Frau, die in der Nähe vorbeitrieb. Ihr Gesicht war gerade noch über dem Wasser zu sehen, und ihr stand Schaum vor dem Mund.« Bernard half, die Frau aus dem Wasser zu ziehen, doch sie starb wenige Minuten später.

berichten eine riesige schäumende Wassermasse an die Oberfläche, wahrscheinlich die aus dem Schiff entweichende restliche Luft. Rechts: Die Fahrspur des Luxusliners war von Trümmern und Menschenleibern markiert.

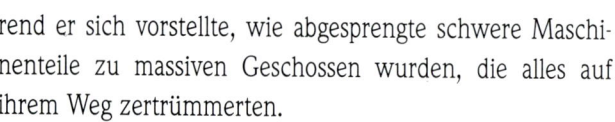

&

ACHTZEHN MINUTEN NACHDEM SCHWIEGERS TORPEDO DAS Schiff getroffen hatte, hob sich das Heck mit den sich langsam drehenden Schrauben aus dem Wasser. Die *Lusitania* begann ihre letzte Fahrt.

Von den oberen Decks sprang eine große Anzahl winziger Figuren mit rudernden Armen ins Wasser. Sie waren die letzten, die von Bord gingen, und die meisten von ihnen wurden von dem Schiff mit in die Tiefe gezogen.

Der Dritte Offizier Albert Bestic verfolgte ebenso fasziniert wie entsetzt, wie das stolze Schiff unterging. Einige atemlose Augenblicke lang verharrte es bewegungslos in der Schwebe, so als bereitete es sich innerlich auf die vor ihm liegende letzte Wegstrecke vor. Bestic fragte sich, ob der Bug schon den Meeresboden erreicht hatte. Das Meer war in diesem Gebiet nur gut fünfzig Faden tief.

Eine Reihe dumpfer Detonationen erschütterte den eleganten Rumpf der *Lusitania*. Bestic verzog das Gesicht, wäh-

rend er sich vorstellte, wie abgesprengte schwere Maschinenteile zu massiven Geschossen wurden, die alles auf ihrem Weg zertrümmerten.

Schließlich sank das Schiff.

Kurz nachdem das Heck verschwunden war, schoß ein großer runder Wasserberg »mit riesigen Kugeln aus weißem Schaum« aus dem Meer. Mitten in ihm war ein menschlicher Körper zu sehen, der mit abgespreizten Gliedern auf und ab tanzte, während der Wasserberg für einen Augenblick reglos in der Luft zu hängen schien.

Dann war es vorbei. Der Wasserberg stürzte mit dumpfem Donnern ins Meer zurück, während sich sein Echo in

alle Richtungen ausbreitete. Bestic spürte, wie er von der Welle hochgehoben wurde. Die Menschen um ihn herum – manche lebendig, andere offenbar tot – hüpften in ihren Schwimmwesten wie Puppen im Wasser auf und ab.

Bestic trug keine Schwimmweste. Er hatte sich eine holen wollen, bevor er ins Wasser sprang, aber keine Gelegenheit mehr dazu gehabt. Das Schiff war einfach unter ihm weggesunken. Eben war er noch an Deck gewesen, und im nächsten Augenblick hatte schon das Wasser nach ihm gegriffen, und er war um sein Leben geschwommen, wobei er sich wünschte, er hätte die Schuhe abgestreift, solange es noch möglich war; die verdammten Dinger fühlten sich an wie

Bleigewichte. Er hatte halb damit gerechnet, in den Sog des untergehenden Schiffs zu geraten. Er hatte Glück gehabt, daß er noch einmal davongekommen war.

Er sah sich um. Hunderte von Köpfen, wohin er auch blickte. Hände reckten sich aus dem Wasser, ohne daß sie nach etwas hätten greifen können. Stimmen, die schwach und ohne Hoffnung um Hilfe riefen. Er begann instinktiv auf die irische Küste zuzuschwimmen, die mindestens fünfzehn Kilometer entfernt war. Bald überkam ihn eine tödliche, betäubende Müdigkeit. Er vergaß, warum er hier war und wohin er wollte. Hatte er ein Leben jenseits von alldem hier? Vielleicht, aber wie es im einzelnen aussah, war

109

ihm entfallen. Die Grenze zwischen Wirklichkeit und Phantasie verschwamm.

Er stieß mit etwas zusammen und griff schwach danach. Es fühlte sich an wie Dollbord. Ein Boot! Ziemlich angeschlagen, aber immer noch schwimmend.

Er brauchte alle Kraft, die ihm verblieben war, um sich halb aus dem Wasser zu ziehen. Der Himmel weiß, wie lange er, mit den Füßen im Wasser, nur dagelegen und das schiere Glück genossen hatte, nicht schwimmen zu müssen, sondern seine bleiernen Beine einfach schaukeln lassen zu können, als hätten sich die Knochen in Gummi verwandelt. Er schlief ein und träumte von zu Hause, von dem trockenen, warmen Kamin und davon, daß er eine siedend heiße Tasse Kakao trank, bevor er zu Bett ging. Er mochte eine halbe Stunde geschlafen haben, oder auch nur ein paar Sekunden; er wußte es nicht. Auf jeden Fall wachte er abrupt auf, als Salzwasser an seinem Mund und seiner Nase zu lecken begann. Er öffnete die Augen. Einen verrückten Moment lang wußte er nicht, wo er war. Dann fiel es ihm wieder ein, und die Erinnerungen trafen ihn eine nach der anderen wie scharfe Schläge. Gleichzeitig bemerkte er etwas sehr Bedeutsames: Das verdammte Boot sank! Durch ein ausgezacktes Loch im Bug ergoß sich ein stetiger Wasserstrom ins Boot.

Bestic machte sich daran, es mit Holz- und Korkstücken und anderem Treibgut abzudichten. Dann half er einem dunkelhaarigen jungen Mann an Bord des gebrechlichen Gefährts. Zitternd und zähneklappernd dankte der junge Mann Bestic höflich für die Hilfe und fragte ihn, ob er vielleicht eine Zigarette habe.

Bestic griff in die Tasche und zog eine matschige Masse aus Papier und Tabak hervor.

Sie brachen beide in schallendes Gelächter aus. Die Überreste von Bestics Zigaretten schienen das Komischste zu sein, was sie jemals gesehen hatten. Sie kicherten immer noch, als sie neben dem Boot eine Frau entdeckten, die von einer seltsam schiefsitzenden Schwimmweste, die ihr fast von den Schultern gerutscht war, über Wasser gehalten wurde und mit kläglichen Bewegungen zu schwimmen versuchte. Dabei murmelte sie mit vor Erschöpfung versagender Stimme ständig etwas vor sich hin. Als sie sie an Bord gezogen hatten, wollte die Frau wissen, wo ihr Baby sei. Die beiden Männer sagten, daß sie kein Baby gesehen hätten.

Die Frau zog sich mit verzweifeltem Stöhnen zum Bootsrand und warf sich wieder ins Wasser. Die Männer griffen nach ihr und zerrten sie ins Boot zurück.

»Ich habe mich geirrt«, sagte der dunkelhaarige junge Mann. Ihr Kind sei in Sicherheit. »Es ist in einem anderen Boot. Gleich da drüben. Nicht weit weg.«

Es war gelogen, schien ihm aber in diesem Augenblick genau das richtige zu sein.

DER LINER VERSCHWINDET

❶ *Die Todeszuckungen der* Lusitania *beginnen nach der zweiten durch den Torpedo ausgelösten Explosion.*

❷ *Das Schiff bekommt Schlagseite, fährt aber immer noch weiter.*

❸ *Dann richtet es sich leicht auf und schiebt sich unter Wasser.*

❹ *Die restliche Luft steigt aus dem Schiff auf, und es schlägt mit der Steuerbordseite auf den Meeresboden auf.*

Obwohl die Lusitania *an einem warmen Frühlingstag sank, war das Wasser südlich von Irland in dieser Jahreszeit kalt, mit der Folge, daß viele der im Wasser treibenden Menschen an Unterkühlung starben.*

EDITH WILLIAMS FÜHLTE SICH WIE EINE Seifenblase, die mit dem Badewasser in einen gluckernden, gurgelnden Abfluß trieb. Sie war hilflos und allein. Florence' Hand war ihr in dem wütenden Ansturm des Wassers entglitten – einer großen, überwältigenden Welle, die zuviel Kraft hatte, um ihr widerstehen zu können.

Edith strampelte sich ab, schluckte aber mehr Wasser als Luft. *Ich ertrinke,* dachte sie. *Gleich werde ich tot sein.* Der Gedanke schien seltsamerweise von jemand anders zu stammen.

In diesem Augenblick sah sie eine Frau, die sich an ein Seil klammerte, das an irgendeinem schwimmenden Wrackteil befestigt war. Edith streckte die Hand aus. Sie spürte einen rauhen, tweedartigen Stoff zwischen den Fingern. Es war der Rock der Frau, und er rettete sie.

DIE *LUSITANIA* WAR VERSCHWUNDEN. IHR Todeskampf war vorüber. Das Wasser blubberte und gurgelte, während es den Schock verdaute. Rauch und Dampf hing über der Stelle, als sollte sie für die Ewigkeit markiert werden. Wenige Minuten später hatte sich das Wasser beruhigt, und von dem stolzen Schiff, das hier sein Ende gefunden hatte, waren als traurige Erinnerung nur die im Wasser treibenden Menschen, die lebenden und die toten, die Trümmer und die Rußwolken aus dem Maschinenraum zurückgeblieben.

ଓ

QUEENSTOWN WAR VOR ENTSETZEN GELÄHMT. DAS UNDENKbare war geschehen. Die *Lusitania* war sozusagen vor der Schwelle der kleinen Stadt untergegangen. Wie viele Hunderte von Menschen hatte sie mit sich genommen?

Am späten Nachmittag kehrte die kleine Armada aus Schleppern und Trawlern zurück, einige mit Leichen an Bord, andere mit Überlebenden, manche mit beiden. Es war oft nicht leicht, sie voneinander zu unterscheiden.

Als Margaret Mackworth aufwachte, lag sie nackt unter einer rauhen Bettdecke. Sie mußte im Wasser das Bewußtsein verloren haben; sie hatte vage, traumartige Erinnerungen daran, wie sie, sich zu Tode frierend und wie ein gefangener Lachs hin- und hergezerrt, dahintrieb. Was war passiert? Und wann? Sie hatte das Gefühl, als wäre es zehn Jahre her. Die Zeit schien aus den Fugen geraten zu sein.

Ein Matrose trat heran, ein freundlich lächelnder Mann mit strahlend blauen Augen. »So ist es schon besser«, sagte er.

Sie wollte fragen, was denn besser sei, aber es war der Mühe nicht wert.

Erst jetzt begriff sie, daß sie im Freien war. Sie lag nicht in einer harten Koje, sondern auf einem Deck. Die schwarze Fläche über ihr war der Nachthimmel, nicht die Decke eines Zimmers.

»Möchten Sie eine Tasse Tee, Schätzchen?«

»Wo bin ich?« Ihre Zähne begannen unkontrollierbar zu klappern; es klang, als würde in ihrem Kopf ein Militärschlagzeuger mit aller Macht vor sich hin trommeln.

»Sie sind auf der *Bluebell*. Wir haben Sie rausgefischt.«

»Ich kann mich nicht daran erinnern.«

»Kein Wunder«, sagte der Matrose im Plauderton. »Tatsache ist, daß wir Sie für tot hielten. Deshalb haben wir Sie auch auf Deck gelassen. Es schien uns nicht der Sache wert, den Platz in der Kajüte für Sie zu verschwenden«, fügte er mit einem gutmütigen Grinsen hinzu.

Drei Matrosen halfen Margaret in die wohlige Wärme der Kapitänskajüte hinunter, wo man sie in eine gemütliche, warme Koje legte.

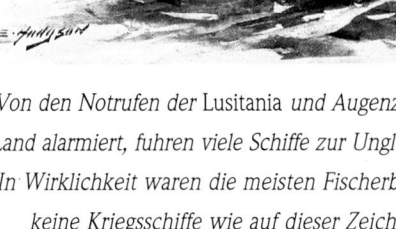

Von den Notrufen der Lusitania *und Augenzeugen an Land alarmiert, fuhren viele Schiffe zur Unglücksstelle. In Wirklichkeit waren die meisten Fischerboote und keine Kriegsschiffe wie auf dieser Zeichnung.*

Sie wußte nicht, wie lange sie geschlafen hatte. Was sie geweckt hatte, war nicht das Brabbeln der Stimmen, sondern der Geruch von Pfeifentabak – ein derber, beißender Geruch, der in ihrer Nase gekitzelt hatte. Sie öffnete die Augen. Die Kajüte war voller Menschen; nach ihrem Aussehen und der chaotischen Zusammenstellung ihrer Kleidung zu urteilen, lauter Überlebende. Sie sprachen alle auf einmal und brachen ständig in spitzes, hysterisches Lachen aus. Eine Frau erzählte Margaret, daß ihr Ehemann mit größter Wahrscheinlichkeit tot sei. Er sei alles gewesen, was sie gehabt habe. Ihre Stimme war emotionslos, so als hätte sie die Größe und Schwere des Ereignisses betäubt.

Eine andere Stimme hob sich aus dem Geschnatter heraus, die Stimme eines Mannes, der so emotionsgeladen war, daß seine Worte in wütendem Stakkato aus ihm herausbrachen. Die ganze traurige Geschichte sei eine Schande, wetterte er. Ein Verbrechen! Die Welt würde bald erfahren, wer dafür verantwortlich sei. Keine Disziplin! Keine Organisation!

Es dauerte einen Moment, bis Margaret verstand, wem seine verbalen Hiebe galten. Dann sah sie ihn, in eine Decke gehüllt und die Blicke auf den Boden gerichtet, in einer Ecke der Kajüte sitzen. Es war Turner, Kapitän Turner.

DIE HAFENBEAMTEN VON QUEENSTOWN WOLLTEN NIEMANDEN an Land lassen. Nein, erklärten sie und schüttelten in der entschiedenen Art aller kleinen Bürokraten rund um die Welt den Kopf. Die nötigen Papiere seien nicht vollständig eingereicht worden, und es sei niemand da, der eine ungeplante Landung genehmigen könne.

Aber der Widerstand begann zu bröckeln, als immer neue Boote ankamen und die Besatzungen ihren traurigen Fang auf den Hafenstufen absetzten, wo die Schiffbrüchigen mit starrem Blick und eingefrorenen Mienen in ungeordneten Reihen liegen blieben. Es waren Massen, Männer, Frauen und kleine Kinder; Passagiere der ersten, zweiten und dritten Klasse, Stewards und Heizer, Offiziere und Musiker. So streng sie noch vor wenigen Stunden voneinander getrennt gewesen waren, jetzt lagen sie alle durcheinander, allesamt Opfer.

ও

LESLIE MORTON GING, VORSICHTIG DARAUF ACHTEND, WO er hintrat, die Reihen der auf den Hafenstufen kauernden durchnäßten Menschen entlang. Man hatte noch nicht die Zeit gehabt, mehr zu tun, als eine Decke über die Leichen und die Schwerverletzten zu werfen. Die anderen lagen so da, wie man sie aus dem Wasser gezogen hatte, die Gesichter immer noch mit Dreck und Ruß verschmiert. Leslie schaute in jedes der wächsernen Gesichter und entdeckte bald

eine groteske Wahrheit: Einen Toten zu identifizieren, war nicht leicht. Der Tod glich die Gesichter in gespenstischer Weise einander an, männliche und weibliche, junge und alte. Konnte das da sein Bruder John sein? Seine Unsicherheit erschreckte ihn. Er kannte John so gut wie sich selbst. Trotzdem war er immer wieder unsicher. Das da *könnte* John sein. Aber das da auch. Er tadelte sich dafür, daß er die Leichen in Gedanken wie Sachen behandelte. Wer wußte, welche Schrecken die armen Teufel durchgemacht hatten; die Mienen und die verrenkten Gliedmaßen sprachen Bände. Er betete, daß John schnell und ohne Qualen gestorben war.

Stadtbewohner kamen zum Hafen und blickten ebenso entsetzt wie fasziniert auf die Szene, die sich ihnen bot. Sie unterhielten sich leise miteinander, als wollten sie die Schiffbrüchigen nicht stören. Die Besserwisser, die sich bei sol-

DER MANN, DER NICHT ERTRINKEN KONNTE?

E r war ein vom Glück begünstigter Mensch, dieser Heizer mittleren Alters. Auf dem Luxusliner hätte sich niemand nach dem Mann mit der unverblümten Sprache und den schmutzigen Fingernägeln umgesehen. Dabei hätte er es verdient, denn er schien sieben Leben zu haben. Sein Name war Frank Tower. Er hatte zur Besatzung der *Titanic* gehört und war mit dem Leben davongekommen, als sie im Atlantik auf einen Eisberg fuhr und unterging. Zwei Jahre später hatte er auf dem Canadian-Pacific-Linienschiff *Empress of Ireland* gearbeitet, als es im Sankt-Lorenz-Strom bei dichtem Nebel mit dem norwegischen Kohlenschiff *Storstad* zusammenstieß. Das Linienschiff sank

und riß über tausend Menschen mit sich in den Tod. Aber Tower überlebte. Dann, im Mai 1915, gehörte er zur Mannschaft im Maschinenraum der *Lusitania*, als sie von U-20 torpediert wurde, und wieder kam er ohne einen Kratzer davon. Wenn das alles zu schön zu sein scheint, um wahr zu sein, dann scheint es nicht nur so; denn es hat sich herausgestellt, daß ein Frank Tower weder auf der *Lusitania* noch auf der *Empress of Ireland,* noch auf der *Titanic* arbeitete. Und selbst der Name ist fraglich. Die Person, die als Überlebender dieser drei Unglücksfälle identifiziert wurde, hieß Turner. Aber auch einen Heizer namens Turner hatte es auf keinem der drei Schiffe gegeben. Die Geschichte scheint nur ein modernes Volksmärchen zu sein, das von dem Wunsch gespeist wurde, trotz schrecklicher Tragödien den Menschen als Sieger zu sehen.

chen Gelegenheiten unweigerlich zu Wort melden, behaupteten, sie hätten genau das erwartet. Sie hätten schon seit über einer Woche U-Boote in den Gewässern vor Queenstown gesehen, und diese U-Boote, erklärten sie, hätten auf die *Lusitania* gewartet.

Immer neue Boote trafen ein. Weitere Opfer wurden mit einem traurigen, klatschenden Geräusch auf den Steinen abgelegt. Polizisten und Soldaten standen mit ausdruckslosen Gesichtern Wache.

☙

ES WAR DUNKEL, ALS DIE *BLUEBELL* IN QUEENSTOWN EINTRAF. Margaret Mackworth versuchte, aus der Koje zu steigen, aber ihre Beine wollten nicht gehorchen. Sie stellte fest, daß sie von Kopf bis Fuß mit blauen Flecken übersät war. Der Kapitän versprach, jemanden zu schicken, der ihr aus der Koje helfen würde. Sie wies ihn darauf hin, daß sie keine Kleider hatte. Der Kapitän nickte und sagte, daß er versuchen werde, welche aufzutreiben.

Kurz darauf tauchte ein vertrautes Gesicht auf. Es war der Steward aus dem Erste-Klasse-Speisesaal der *Lusitania*, ein großer, hagerer Mann mit melancholischer Stimme. Jetzt zuckte der Abglanz eines Lächelns in seinen Mundwinkeln.

»Ich dachte, Sie würden es gern wissen, Madam«, sagte er. »Ihr Vater ist gerettet. Er ist in Sicherheit und gesund.«

☙

OLIVER BERNARD BEKAM DIE BILDER DER KINDERLEICHEN nicht aus dem Kopf. »Eine ganze Anzahl Babys, ich würde sagen, ungefähr dreißig, wurden starr und steif auf den Fußboden eines vorübergehend als Leichenhalle dienenden Raums gelegt«, berichtete er einem Zeitungsreporter. »Ich habe noch nie etwas so Unheimliches und Furchtbares gesehen. Es hat mich mit einem brennenden Verlangen nach Rache erfüllt. Ich hoffe, daß diese kleinen Wesen gerächt werden.«

Am nächsten Morgen trafen Lastwagen voller Särge in Queenstown ein, und Soldaten begannen, auf dem Friedhof Gräber auszuheben. Das Rathaus wurde zu einem riesigen Leichenschauhaus. Die Leichen zu zählen und zu identifizieren war zur Hauptaufgabe der Beamten geworden. Die Schreibtische wurden durch Särge ersetzt, und eine ununterbrochene Schlange von Überlebenden und Verwandten schob sich zögernd durch die Büros und Sitzungsräume, in denen es jetzt nach Salzwasser und Tod roch.

K leine Jungen spielen im Hafen von Queenstown in den Rettungsboote der Lusitania *(links oben).*
Unten rechts: Einige der Fischerboote, mit denen Überlebende gerettet wurden. Oben und unten links: Passagiere und Besatzungsmitglieder, die das Unglück überlebt hatten, in Queenstown.

Manche der Opfer hatten einen friedlichen Ausdruck auf dem Gesicht. Ein oder zwei sahen erstaunt aus, so als hätten sie im Augenblick ihres Todes nicht glauben können, was mit ihnen geschah. Andere schienen, bis zuletzt kämpfend, mit einem Fluch auf den Lippen gestorben zu sein. Einige Mütter und Kinder hielten sich immer noch in den Armen.

Leslie Morton hatte seinen Bruder noch nicht gefunden. Er war die ganze Nacht auf den Beinen gewesen, und jetzt, im Licht des neuen Tages, war er immer noch dabei, sich jede neue Leiche anzusehen, die an Land gebracht wurde. »Sie fischen sie bis drüben zum Hook Head hinüber aus dem Wasser«, bemerkte ein Wachsoldat leutselig.

Leslie beachtete ihn nicht und hob weiter Laken an, um in starre, farblose Gesichter zu blicken. Er zwang sich, jedes von ihnen aufmerksam zu betrachten und der Versuchung zu widerstehen, nur einen flüchtigen Blick auf sie zu werfen und erleichtert nein zu sagen. Er hob gerade wieder die Ecke eines Lakens an, als er spürte, daß jemand auf der anderen Seite dasselbe tat. Es war John, der ihn über das Laken hinweg breit angrinste. Er trug einen schlechtsitzenden karierten Anzug, in dem er wie ein Komiker aussah. Jeder wollte vom anderen wissen, wo, zum Teufel, er gesteckt hatte; sie hatten seit Stunden nacheinander gesucht.

»Wo hast du diesen scheußlichen Anzug her?«

»Man hat ihn mir gegeben. Jemand von Cunard, glaube ich.«

»Wenn ich du wäre«, sagte Leslie, »würde ich ihn zurückgeben.«

❦

STUNDE UM STUNDE DRÄNGTEN SICH TRAUBEN ernster Menschen um die Särge und hoben widerstrebend die Laken an, um mit ängstlichem Blick die unter ihnen liegenden Opfer zu betrachten. Auch einige Kinder hatten sich in diesen gespenstischen Zug eingereiht. Manche schluchzten und schüttelten abwehrend den Kopf, während sie von Sarg zu Sarg geführt wurden.

Im ersten Augenblick erkannte Chrissie Aitken ihren Vater nicht. Dieses bleiche, verzerrte Gesicht mit dem einge-

Unter den 123 amerikanischen Todesopfern waren der Publizist Elbert Hubbard (oben) und der Bühnenautor Charles Klein (unten).

frorenen spöttischen Grinsen auf den dünnen Lippen schien nichts mit dem warmherzigen Mann gemein zu haben, der einst der Mittelpunkt ihres Lebens gewesen war.

»Das ist er. Mein Vater. James Aitken.«

»Bist du sicher?«

»Ja, Sir.«

»Gut gemacht«, murmelte der Beamte, als hätte sie eine schwierige Prüfung in der Schule bestanden. Dann ging er, auf seiner Klemmappe schreibend, davon. Sie sah ihm nach. Ihr Vater war tot, ihr Bruder und sein Sohn wurden vermißt. Was, fragte sie sich, sollte sie jetzt tun?

❦

ALFRED VANDERBILT UND CHARLES FROHMAN, die bekanntesten Passagiere der *Lusitania,* waren beide ums Leben gekommen. Laut Augenzeugenberichten hatte keiner von beiden den Versuch unternommen, sich zu retten. Vanderbilt, der trotz seiner sonstigen sportlichen Aktivitäten nicht schwimmen konnte, war zuletzt gesehen worden, als er seinen Kammerdiener beauftragte, Schwimmwesten für Kinder zu besorgen, die noch keine hatten. Frohman war offenbar mit dem Schiff untergegangen, Dialoge aus *Peter Pan,* einem seiner größten Theatererfolge, auf den Lippen. Seine Leiche wurde später geborgen; die von Alfred Vanderbilt blieb unauffindbar. Unter den amerikanischen Opfern waren außerdem die Cromptons aus Philadelphia und ihre sechs Kinder; Elbert Hubbard, der bekannte Autor und Verleger; die frischverheirateten Stewart und Leslie Mason; und Charles Klein, Mitautor des Theaterstücks *Potash and Perlmutter,* das damals in Londoneiner der Hits der Saison war.

❦

AM ABEND DES 8. MAI WAREN MARGARET Mackworth und ihr Vater wieder mit Howard Fisher und Dorothy Conner zusammen. Sie aßen noch einmal gemeinsam zu Abend – diesmal nicht unter der prachtvollen Kuppel des Speisesaals der *Lusitania,* sondern in einem heruntergekommenen kleinen Hotel in Queenstown. Es war trotz des mittelmäßigen Essens ein denkwürdiges Ereignis.

Der mit einer Fahne bedeckte Leichnam eines amerikanischen Todesopfers wird durch die Straßen von Queenstown getragen.

Sie erzählten stundenlang von ihren Erlebnissen und bestätigten sich gegenseitig, daß sie noch einmal Glück gehabt hatten. Sie amüsierten sich über die Schlagzeile einer walisischen Zeitung: GROSSES NATIONALES UNGLÜCK. D. A. THOMAS GERETTET. Dann verabschiedeten sie sich. Die Amerikaner fuhren weiter nach Frankreich, und Margaret und ihr Vater kehrten in ihre walisische Heimat zurück.

OLIVER BERNARD WAR KAUM IN LONDON ANGEKOMMEN, ALS sich die *Illustrated London News* bei ihm meldete und ihn bat, seine Erinnerungen an den Schiffsuntergang in einigen Zeichnungen festzuhalten. Er erfüllte die Bitte in dem Glauben, die Zeichnungen seien als Vorlage für einen professionellen Illustrator gedacht. Um so überraschter war er, als sie am 15. Mai im Original veröffentlicht wurden.

ZWEI TAGE NACHDEM SIE IN QUEENSTOWN AN LAND GEGANgen war, bog Chrissie Aitken in eine ruhige Wohnstraße in Edinburgh ein. Sie trug immer noch die Kleider, die sie angehabt hatte, als die *Lusitania* unterging. Die anderen Kleider waren mit dem Schiff im Meer versunken. Sie war stundenlang durch Queenstown gewandert, bis sie schließlich am Bahnhof ankam. Sie hatte genug Geld gehabt, um sich eine Fahrkarte nach Edinburgh kaufen zu können, und jetzt stand sie vor dem Haus ihrer Tante und ihres Onkels.

Sie klopfte an die Tür. Kaum hatte ihre Tante geöffnet, wich ihr die Farbe aus dem Gesicht. Einen Augenblick war sie unfähig, etwas zu sagen. Dann erzählte sie die Geschichte. Nur wenige Stunden vorher war ein Mann von einer Zeitung vorbeigekommen, der Chrissies Verwandten mitteilte, daß alle Aitkens auf der *Lusitania* umgekommen seien. Bis dahin hatten sie nicht einmal gewußt, daß jemand aus ihrer Familie auf dem Schiff gewesen war.

Sechstes Kapitel

SCHULD UND UNSCHULD

E S WAR DIE GRÖSSTE STORY DES JAHRES. DIE LON-doner Zeitungen flossen über vor rechtschaffener Empörung und sprachen von der »moralischen Verkommenheit« einer Nation, die fähig war, ein derartiges Verbrechen zu begehen, einen »heimtückischen Akt der Piraterie«, das »gemeinste der vielen gemeinen Verbrechen, mit denen sich die deutschen Streitkräfte besudelt haben«, das »unheimlichste Verbrechen der Geschichte«.

In London, Manchester, Liverpool und anderen britischen Großstädten rannte der Mob durch die Straßen und warf die Schaufenster von Geschäften und Restaurants mit deutschen

Namen ein; einige wurden geplündert, andere in Brand gesteckt. Hotels verweigerten Menschen, die Muller oder Schultz hießen, die Aufnahme, selbst wenn sie sich als britische Staatsbürger ausweisen konnten. Wohnhäuser wurden verwüstet, Fahrzeuge zertrümmert; und in mehr als einem Bericht ist nachzulesen, daß sich einige geistig minderbemittelte Patrioten dazu verstiegen, in den Straßen Jagd auf Dackel zu machen und sie mit Fußtritten zu traktieren.

Die meisten Amerikaner waren ebenso von Abscheu erfüllt. Der hitzige Expräsident Theodore Roosevelt bezeichnete den U-Bootangriff als »Piraterie in einem größeren

In London versammelte sich eine Menschenmenge vor dem Cunard-Büro, um Neuigkeiten über das Unglück zu erfahren.
Gegenüberliegende Seite: Aus Wut griff der Mob Geschäfte mit deutschen Namen an, in diesem Fall einen deutschen Friseur.

118

"All the News That's Fit to Print."

The New York Times.

EXTRA
5:30 A. M.

VOL. LXIV...NO. 20,923 ..... NEW YORK, SATURDAY, MAY 8, 1915.—TWENTY-FOUR PAGES.

ONE CENT In Greater New York, Jersey City and Newark. | Elsewhere TWO CENTS

LUSITANIA SUNK BY A SUBMARINE, PROBABLY 1,260 DEAD;
TWICE TORPEDOED OFF IRISH COAST; SINKS IN 15 MINUTES;
CAPT. TURNER SAVED, FROHMAN AND VANDERBILT MISSING;
WASHINGTON BELIEVES THAT A GRAVE CRISIS IS AT HAND

SHOCKS THE PRESIDENT

Washington Deeply Stirred by the Loss of American Lives.

BULLETINS AT WHITE HOUSE

Wilson Reads Them Closely, but Is Silent on the Nation's Course.

HINTS OF CONGRESS CALL

Loss of Lusitania Recalls Firm Tone of Our First Warning to Germany.

CAPITAL FULL OF RUMORS

Reports That Liner Was to be Sunk Were Heard Before Actual News Came.

Special to The New York Times.

WASHINGTON, May 7.—Never since that April day, three years ago, when word came that the Titanic had gone down, has Washington been so stirred as it is tonight over the sinking of the Lusitania. The early reports told that there had been no lives lost, but the relief that these advices caused gave way to the greatest concern late this evening when it became known that there had been many deaths. Although they are profoundly reticent, officials realize that this tragedy, involving the loss of American citizens, is likely to bring about a crisis in the international relations of this country.

It is pointed out that the sinking of the Lusitania is the outcome of a series of incidents that have been the cause of concern to this Government in its endeavor to maintain a strictly neutral position in the great European war.

Nation's Course in Doubt.

It is impossible to say tonight what effect the loss of American lives on the Lusitania will have on the Government. Judged from the little that can be learned it is a safe prediction that President Wilson will endeavor to ascertain all the facts, including evidence as to whether a German submarine was responsible for the sinking of the vessel, before proceeding to determine the course to be pursued. The news that many lives had been sacrificed, probably as many as a thousand, was given to him at the White House about 10 o'clock this morning, but no word came from him as to what effect this intelligence had on him.

The State Department tonight sent instructions to the American Embassy in London to send the names of Americans who might have been killed or injured in the disaster. A bulletin from THE TIMES, saying probably 1,000 lives had been lost, was sent to the White House as soon as received and laid before President Wilson. The news that two torpedoes had been fired into the Lusitania by a submarine and that the Lusitania sank fifteen minutes afterward was also sent to the White House, but reached there after the President had gone to bed. The President retired about 11 o'clock.

On account of the many inquiries it had received from friends and relatives of passengers on the Lusitania and the intense public interest in this tragedy, orders were given tonight to the telegraphers and cipher clerks in charge of the telegraph office in the State Department to remain at their posts all night. They also had instructions to make public any messages bringing official details regarding the Lusitania's passengers. Usually the telegraph office closes at midnight.

Rumors of Congress Session.

There were reports this evening that Congress would be called in extra session, but these were not confirmed, and the most that can be said is that while the Government is greatly concerned over the situation, it has shown no inclination toward excitement or toward taking hasty action.

Senator W. J. Stone, Chairman of the Committee on Foreign Relations, said tonight:

"I cannot comment on a supposed

Continued on Page 4.

Cunard Office Here Besieged for News; Fate of 1,918 on Lusitania Long in Doubt

Nothing Heard from the Well-Known Passengers on Board—Story of Disaster Long Unconfirmed While Anxious Crowds Seek Details.

Official news of the sinking of the Lusitania yesterday reached New York in fragmentary reports, and several hours elapsed between the first unverified rumor of the disaster and the cable messages that told at night of the loss of some of the passengers and the gave meagre details of the most sensational incident of its kind in the war.

The early accounts that indicated an board had been saved treasured hundreds of friends and relatives of passengers. Later it was made known that lives had been lost and probably many persons had been injured.

By 8 o'clock in the afternoon the news of the sinking of the Lusitania had been spread in the city and the Cunard offices were besieged by relatives and friends of the passengers on board. Owing to the alterations in and additions to the passenger list on sailing day, last Saturday, it took some time to get the correct figures, which were finally given out as 290 first, 601 second, and 367 third class passengers. Of this cabin passengers thirty-six had been transferred for extra room in the Cameronia on the preceding day.

1,918 Persons on Board.

The officers and crew numbered 652 men included at the usual complement of 600, on account of fewer men being carried in the engineer's and stewards' departments. Thus there were in all 1,918 persons on board.

[column of text continues, partly illegible]

Continued on Page 3.

List of Saved Includes Capt. Turner; Vanderbilt and Frohman Reported Lost

LONDON, Saturday, May 8, 5:30 A. M.—The Press Bureau has received from the British Admiralty a report that all the torpedo boats and tugs and armed trawlers, except the Heron, which went out from Queenstown to the relief of the Lusitania have returned.

These vessels have landed 595 survivors and forty dead. Fifty-two more survivors are reported aboard a steamer, while eleven others and five bodies have been landed at Kinsale, making the total number of survivors 658, besides forty-five dead. The numbers will be verified later, and it is considered possible Kinsale fishing boats may have rescued a few more.

Among the survivors is the Captain of the Lusitania, William T. Turner. Some of the survivors at Queenstown say that Mr. Alfred Gwynne Vanderbilt was drowned. Every effort to find Mr. Vanderbilt and Charles Frohman, the theatrical manager, among the survivors has failed.

The Central News says that the number of the Lusitania's passengers who died of injuries while being taken to Queenstown will reach 100.

QUEENSTOWN, Saturday, May 8, 4:45 A.M.—The list of the Lusitania's survivors, as far as compiled, follows:

[Long list of survivor names in columns]

TURNER, Captain.
MATHEWS, A. T., Montreal.
LANE, G. B.
MEYERS, W. G. E.
THIMMINS, J. T.
WITHERIDGE, Mrs. A. F.
MACKWORTH, Lady.
ADAMS, Mrs. HENRY, Boston.
RANKIN, ROBERT, New York.
SHARP, SAMUEL.
BYRNE, M. B., New York.
DAVIS, EMILY.
WALKER, ANNIE.
ROUSSELL, S.
CROSS, A. R.
YOUNG, PHILIP, Montreal.
VASSAR, W. A. F., London.
STEELE, GEORGE.
CROSLEY CYRUS.
PARKER, JAMES.
COLEBROOK, the Rev. R. J.
MORRIS, H. C. S.
PAYNTER, Mrs. F.
LATRIAT, CHARLES E., Jr., Boston.
PAYNTER, Miss IRENE, Liverpool, England.

KINSALE, Ireland, May 8.—
Eleven survivors of the Lusitania have been landed here, together with the bodies of five persons who were dead. Among the survivors are:

SMITH, J. RISTON, New York.
BOTTOMLEY, FREDERICK.
BOYLE, N. J.
HUTCHINES, CHARLES.
HARRIMAN, CORNELIUS.
LIVERMORE, VERNAL.
SULLIVAN, Mrs. P.

Consul's List of Saved.

WASHINGTON, May 8.—Consul Laurist at Queenstown sends this report:

"Total saved of all nationalities, 700. The following are American survivors of Lusitania." Other names will follow:

CRAB, O. S.
PEARL, Major and Mrs. and two children.
SMITH, Mrs. JESSIE TAFT.
HARDWICK, CHARLES C.
EARL, STUART D.
PEARL, AMY.
STANLEY, Mrs.
LINES, L. B.
HILL, C. T.
RANKIN, ROBERT.
LINEY, Miss, New York.
DOHERTY, Mrs. WILLIAM and Maid.
PHILLIPS, THOMAS.
MADAME, WILLIAM.
HOUGHTON, J. H.
SWEENEY, JOHN M.
HAMMOND, JADEN H.
BROWER, J. H.
JEFFEY, CHARLES T.
LUND, Mrs. C. H.
SHEPPARDSON, ARTHUR.
MOORE, Dr. D. V.
GRINALED, CLINTON.
LIGHT, HERBERT.
JINNSON, J. D.
WILLIAMS, EDITH.
KEARY, JAMES J.
KIDELL, THOMAS.
WOLFENDEN, Mrs. JOHN.
WOLFENDEN, Mrs. NINA.
MISH, Mrs. THOMAS.
KESSLER, GEORGE A.
McMURRAY, L.
KAY, ROBERT.
LOFHGART, R. E.
CANNON, OWEN.
HARRIS, DRIGHT C.
JUDSON, FRED S.
POLLS, Dr. B.
WRIGHT, H. C.
GAUNTLET, P. J.
KNOX, J. N.
O'DONNELL, PATRICK.

Saw the Submarine 100 Yards Off and Watched Torpedo as It Struck Ship

Ernest Cowper, a Toronto Newspaper Man, Describes Attack, Seen from Ship's Rail—Poison Gas Used in Torpedoes, Say Other Passengers.

Queenstown, Saturday, May 8; 3:18 A. M.

A sharp lookout for submarines was kept aboard the Lusitania as she approached the Irish coast, according to Ernest Cowper, a Toronto newspaper man, who was among the survivors landed at Queenstown.

He said that after the ship was torpedoed there was no panic among the crew, but that they went about the work of getting passengers into the boats in a prompt and efficient manner.

"As we neared the coast of Ireland," said Mr. Cowper, "I joined in the lookout, for a possible attack by a submarine was the sole topic of conversation."

"I was chatting with a friend at the rail about 2 o'clock when suddenly I caught a glimpse of the conning tower of a submarine about a thousand yards distant. I immediately called my friend's attention to it. Immediately we both saw the track of a torpedo followed almost instantly by an explosion. Portions of splintered hull went flying into the air, and then another torpedo struck. The ship began to list to starboard."

"The crew at once proceeded to get the passengers into boats

Poison Fumes from Torpedoes.

From interviews with passengers it appears that when the torpedoes burst they sent forth suffocating fumes which had their effect on the passengers, causing some of them to lose consciousness.

Two stokers, Byrne and Hussey of Liverpool, gave a few details. They said the submarine gave no notice and fired two torpedoes, one hitting No. 1 stoke hole and the second the engine room. The first torpedo she was discharged at 2 o'clock. In twenty-five minutes the great liner disappeared.

Signals have been received at Queenstown that an armed trawler, believed to be the Heron, and two fishing trawlers are bringing in 100 more bodies.

The Cunard Line agent states that the total number of persons aboard the Lusitania was 2,160.

Loss of the Lusitania Fills London With Horror and Utter Amazement

Special Cable to The New York Times.

LONDON, Saturday, May 8—Stupefaction is the word which best describes the first impression created by the news of the sinking of the Lusitania. People seemed unable to realize that at this stage of the world's progress such a deed could be committed at all—an act of war.

"I have no words for it," said Lord Bryce, and everywhere one found incredulity and everywhere one found the same sentiment repeated.

It was many hours before the first stunning news was realized, even in

Continued on Page 3.

The Lost Cunard Steamship Lusitania
X Where the First Torpedo Struck. XX Where the Second Torpedo Struck.

SOME DEAD TAKEN ASHORE

Several Hundred Survivors at Queenstown and Kinsale.

STEWARD TELLS OF DISASTER

One Torpedo Crashes Into the Doomed Liner's Bow, Another Into the Engine Room.

SHIP LISTS OVER TO PORT

Makes It Impossible to Lower Many Boats, So Hundreds Must Have Gone Down.

ATTACKED IN BROAD DAY

Passengers at Luncheon—Warning Had Been Given by Germans Before the Ship Left New York.

Only 650 Were Saved, Few Cabin Passengers

QUEENSTOWN, Saturday, May 8, 4:28 A. M.—Survivors of the Lusitania who have arrived here estimate that only about 650 of the number aboard the steamer were saved, and only a small proportion of those rescued were saloon passengers.

Official Confirmation.

WASHINGTON, May 8.—A dispatch to the State Department early today from American Consul Laurist at Queenstown stated that the total number of survivors of the Lusitania was about 700.

LONDON, Saturday, May 8.—The Cunard liner Lusitania, which sailed out of New York last Saturday with 1,918 souls aboard, lies at the bottom of the ocean off the Irish coast.

She was sunk by a German submarine, which sent two torpedoes crashing into her side at 2:30 o'clock yesterday afternoon while the passengers, seemingly confident that the great, swift vessel could elude the German underwater craft, were having luncheon.

The great inrush of water caused the liner to list heavily to port, so that she could not launch many of her lifeboats.

About 1,260 of those on board the great ship, including many Americans, apparently went down with her, as a statement issued late this morning by the Admiralty says the total number of survivors is only 658.

There were 1,253 passengers on board the steamship, of whom 200 who were transferred to her from the steamer Cameronia, The Americans totaled 188. The crew numbered 665.

It is believed that only a few first class passengers were saved as they thought the ship would remain afloat, and made little effort to escape.

There appears to be a large proportion of the survivors among the passengers landed at Queenstown. Only a few offi-

Continued on Page 3.

Der Untergang der Lusitania *beherrschte in den englischsprachigen Ländern die Titelseiten der Zeitungen. Die Reaktionen reichten von der Warnung vor einer heraufziehenden schweren Krise in der* New York Times *bis zum Aufschrei über den von den »Hunnen« begangenen Mord in der britischen Boulevardpresse. Die deutschen Zeitungen berichteten ebenfalls über das Ereignis, allerdings aus einem anderen Blickwinkel.*

Rahmen, als sie die Piraten früherer Zeiten jemals verübt haben«, und fügte hinzu, er halte es für unvorstellbar, »daß wir es unterlassen können, in dieser Sache zu handeln, denn wir schulden es nicht nur der Humanität, sondern auch unserer nationalen Selbstachtung«. Der amerikanische Botschafter in London kabelte nach Washington: »Die USA müssen den Krieg erklären, oder sie verlieren den Respekt der Europäer.« Man hatte das Gefühl, persönlich von der Tragödie betroffen zu sein, weil unter ihren Opfern so viele Landsleute waren. Die New Yorker Zeitungen sprachen davon, daß die Deutschen Krieg führten »wie blutrünstige Wilde«. Die *New York Times* erklärte vollmundig: »Es gibt in der Kriegsgeschichte keine einzelne Tat, die in ihrer Unmenschlichkeit und ihrer Grausamkeit mit dieser vergleichbar wäre.« Und der *New York Herald* nannte sie ein »vorsätzliches Gemetzel«.

Das in Louisville erscheinende *Courier-Journal* erklärte Deutschland zum »Land der Schwarzen Hand und des blutigen Herzens«. Die *Baltimore Sun* sprach von der »Wiederkehr der brutalsten Praktiken der Barbarei«.

Als besonders empörend wurde empfunden, daß der Luxusliner, ein Schiff voller Zivilisten, viele davon aus neutralen Staaten, ohne Vorwarnung torpediert worden war. Zivilisierte Menschen taten so etwas einfach nicht. Die Kommentatoren griffen zwangsläufig zu Analogien aus der Welt des Sports, wo allen Beteiligten die Regeln eindeutig klar waren. Der in Ottawa erscheinende *Citizen* nannte die Versenkung einen »Schlag unter die Gürtellinie«. Der Leitartikel versicherte den Lesern jedoch, daß die verabscheuungswürdige Tat den »Hunnen« nichts Gutes bringen würde: »Die sturen Briten geben nicht auf, wenn sie einen regelwidrigen Schlag einstecken mußten.«

Die Tatsache, daß die Deutschen ein Inserat in die Zeitungen gesetzt hatten, in dem sie vor den Gefahren einer Reise auf britischen Schiffen warnten, machte die ganze Sache nur noch abscheulicher. Es erinnerte stark an die höhnischen Mitteilungen, die Jack the Ripper an Scotland Yard gesandt hatte. Präsident Woodrow Wilson brachte es

Überlebende der Lusitania stehen am Fahrkartenschalter des Bahnhofs von Queenstown an (links). Oben: Eine Gruppe von Passagieren nach ihrer Ankunft in der Londoner Waterloo Station. Der Mann rechts hält immer noch seine Schwimmweste in der Hand.

123

mit bewundernswerter Klarheit auf den Punkt, als er erklärte, »keine Warnung davor, daß die ungesetzliche und inhumane Tat begangen werde«, könne als Entschuldigung für sie herhalten.

In den ersten, vergleichsweise unschuldigen Jahren des 20. Jahrhunderts waren die Amerikaner insgesamt überzeugt, daß sie, ob nun Krieg herrschte oder nicht, das unveräußerliche Recht besäßen, auf einem Schiff jeder beliebigen Nationalität in völliger Sicherheit zu reisen. Ebenso fest glaubten sie, daß amerikanische Schiffe in der Lage sein mußten, unbehelligt durch Kriegszonen zu fahren. Der Krieg war eine europäische Angelegenheit, keine amerikanische. Drei Monate vorher, im Februar 1915, hatten die Deutschen das Seegebiet um die Britischen Inseln herum zur Kriegszone erklärt.

Als die Lusitania versenkt wurde, hatte Präsident Woodrow Wilson (rechts und unten mit seinem Kabinett) noch nicht auf die Torpedierung des amerikanischen Tankers Gulflight (gegenüberliegende Seite) durch die Deutschen reagiert, die in der vorangegangenen Woche drei Todesopfer gefordert hatte.

Feindliche Schiffe, bewaffnet oder nicht, würden zerstört werden, hatte Berlin gewarnt und hinzugefügt, neutrale Schiffe befänden sich wegen des Mißbrauchs, den man auf britischer Seite mit neutralen Fahnen trieb, ebenso in Gefahr. Präsident Wilson hatte den Deutschen daraufhin mitgeteilt, daß man »strenge Rechenschaft« von ihnen verlangen werde, falls ihr Vorgehen dazu führen sollte, daß amerikanische Schiffe oder Bürger zu Schaden kamen. Die Mehrheit seiner Landsleute hielt Wilson zweifellos für einen Mordskerl. Wie ein Sheriff im alten Westen hatte er das Gesetz aufgestellt und seine Linie in den Sand gezeichnet. *Wenn du sie übertrittst, Fritz, wirst du ein Problem haben.* Aber was bedeutete »strenge Rechenschaft«? Wilson hatte davon gesprochen, alle Schritte zu unternehmen, »die notwendig werden könnten«, um das Leben amerikanischer Bürger und deren Besitz zu schützen. War dies eine Warnung davor, daß er Deutschland den Krieg erklären werde, wenn Amerikaner durch deutsches Verschulden ihr Leben verloren? Und wie weit ging diese Warnung?

Am 1. Mai, dem Tag, als die *Lusitania* von New York abfuhr, starben drei Amerikaner, als der amerikanische Tanker *Gulflight,* dessen Identität offenbar verwechselt worden war, durch einen Torpedo stark beschädigt wurde. Die Amerikaner waren empört. Die einflußreiche *New York Times* nannte den Angriff eine flagrante »Verletzung unserer Rechte«. Aber Wilson erklärte nicht den Krieg. Er hatte noch nicht einmal eine Protestnote übermittelt, als Walther Schwieger eine Woche später den fatalen Torpedo auf die *Lusitania* abfeuerte.

Als das große Cunard-Linienschiff unterging, entschuldigte sich Berlin bei den Vereinigten Staaten und drückte sein »tiefstes Mitgefühl« für die amerikanischen Opfer aus, wies aber darauf hin, daß die Verantwortung für die Tragödie bei der britischen Regierung liege, die Deutschland durch »ihr Vorhaben, die Zivilbevölkerung auszuhungern«, gezwungen habe, Vergeltungsmaßnahmen zu ergreifen.

Wilson erwiderte einige Tage später mit einer Note, deren Ton vermutlich ein Echo der Mitteilungen war, die er in seiner Zeit als Collegelehrer an aufsässige Schüler geschickt

hatte. Er erklärte den Deutschen, daß sie vor den Folgen ihrer Handlungen gewarnt worden seien, aber dennoch weitergemacht hätten, und erinnerte sie an sein Schreiben vom 10. Februar 1915 mit der Androhung »strenger Rechenschaft« (wonach er fälschlich hinzufügte, er habe die Rechte »amerikanischer Bürger, die sich in legalen Verrichtungen als Passagiere auf Handelsschiffen kriegführender Nationen befinden«, für unverletzlich erklärt). Die deutschen Diplomaten, die die Note als erste lasen, müssen gedacht haben, daß etwas Welterschütterndes auf sie zukam. Aber an diesem Punkt machte Wilson einen Rückzieher. Er bedauerte die »praktische Unmöglichkeit«, U-Boote human einzusetzen, was offenbar bedeuten sollte, daß alles vergeben und vergessen wäre, wenn die Deutschen aufhörten, U-Boote einzusetzen. Wie viele seiner Zeitgenossen konnte es der Präsident zwar akzeptieren, wenn Handelsschiffe gestoppt und durchsucht wurden (und versenkt, falls sich herausstellte, daß sie Konterbande transportierten), aber ein Torpedoangriff ohne Vorwarnung war einfach nicht zu tolerieren.

Seine Note schloß mit der Erklärung, daß man von Deutschland erwarte, von der Versenkung abzurücken und »sofortige Schritte« zu unternehmen, um zu verhindern, daß sich derartige Vorfälle wiederholten. Welche »sofortigen Schritte« mochte Wilson gemeint haben? Er schien den Abbruch der diplomatischen Beziehungen erwogen zu haben, aber er vollzog ihn nicht.

Die Deutschen schlossen daraus, daß Wilsons Note ebenso für die innenpolitische Szene bestimmt war wie für Berlin, und sie hatten recht. Der Vollblutpolitiker Wilson hatte die Stimmung im Land richtig eingeschätzt. Die Amerikaner wollten, daß den Deutschen klargemacht wurde, daß sie die Grenzen des zivilisierten Verhaltens überschritten hatten, aber nur wenige sahen darin einen Grund, in den Krieg zu ziehen. In England neigte man dazu, die Amerikaner für verpflanzte Briten zu halten, die den britischen Bestrebungen voller Sympathie gegenüberstanden. Das war ein schwerer Irrtum. Die große Mehrheit der Amerikaner fühlte sich nicht im geringsten mit den Briten verwandt. Viele, insbesondere jene irischer Abstammung, waren sogar eindeutig antibritisch eingestellt, und von den fast zehn Prozent Amerikanern deutscher Herkunft war dasselbe anzunehmen.

Der Notenwechsel setzte sich fort, wobei sich Berlin mehrmals (nicht ganz unberechtigterweise) darüber beklagte, daß Präsident Wilson die kriegführenden Staaten sehr unterschiedlich behandelte, indem er solche klaren Rechtsverstöße wie die britische Gewohnheit übersah, neutrale Flaggen – einschließlich der amerikanischen – zu benutzen, um einem Angriff zu entgehen. Darüber hinaus sei die *Lusitania,* wie Berlin betonte, kein gewöhnliches Passagierschiff gewesen, sondern ein »mit Regierungsmitteln gebauter« und »in der Marineliste aufgeführter« Hilfskreuzer.

Der Kontakt mit Berlin brachte Wilson trotz seiner diplomatisch kühlen Förmlichkeit nicht unerhebliche Probleme im Innern ein. Der strikt pazifistische Außenminister William Jennings Bryan glaubte, Wilson wolle die USA in den Krieg führen, indem er die Deutschen beschuldigte und provozierte, und trat zurück, was ihm von seiten der Wortführer der alliierten Sache den Vorwurf eintrug, ein Feigling, ein »hinterhältiger Schuft« und Freund des Kaisers

zu sein. Sein Nachfolger wurde Robert Lansing, der zwar weniger staatsmännisch war, dafür aber den unbefleckten Ruf eines Hunnenhassers hatte.

In Deutschland wurde die Versenkung als Triumph der Seemacht des Landes dargestellt. Die *Lusitania,* hieß es in den Zeitungen, sei ein Kriegsgüter transportierender »bewaffneter Hilfskreuzer« und daher ein legitimes Ziel gewesen, und es wurde verwundert gefragt, warum die Zivilisten, insbesondere die Amerikaner, überhaupt mit der »profitgierigen« Reederei Cunard gereist waren, nachdem man soviel Sportsgeist bewiesen hatte, sie zu warnen. Im übrigen sei es, wie die *Kölnische Volkszeitung* schrieb, »humaner«, ein Schiff mit Zivilisten an Bord zu versenken, als ein ganzes Volk auszuhungern, wie es die Engländer mit den Deutschen versuchten.

❧

DIE GESCHICHTE VERSCHWAND BALD AUS DEN SCHLAGZEILEN. Der Krieg lieferte endlosen Nachschub an Tragödien: das Dardanellen-Desaster, Giftgas, die Bombardierung von Zivilisten, Hunger, das Gemetzel von Verdun, die Somme und Passchendaele.

Queenstown, 7. Mai 1915.
Der Luxusdampfer »Lusitania« ist torpediert worden und gesunken.

Aber das von der *Lusitania* ausgelöste Echo verhallte nicht. Die Fragen wollten nicht aufhören. Warum fuhr sie dem U-Boot direkt in die Schußlinie? Und warum so langsam? Warum standen keine Geleitschiffe bereit, um sie sicher nach Liverpool zu bringen? Warum sank das Schiff, das so großspurig als unsinkbar bezeichnet worden war, in derart kurzer Zeit? Warum war die Besatzung offensichtlich so schlecht auf den Notfall vorbereitet? Warum waren die Passagiere nicht darüber informiert gewesen, welchem Rettungsboot sie zugeteilt waren, oder auch nur darüber, wie man die Schwimmweste anlegt? Warum fuhr Kapitän Turner so dicht unter Land? Warum steuerte er keinen Zickzackkurs, um nicht zum Ziel eines U-Boots zu werden?

☙

DIE ERSTE AMTLICHE UNTERSUCHUNG BEGANN AM Tag nach dem Untergang. Fünf Opfer waren in Kinsale, einem kleinen, knapp fünfundzwanzig Kilometer von Queenstown entfernten Fischerdorf, an Land gebracht worden, und der örtliche Coroner, John J. Horgan, rief umgehend eine Jury aus

Für die Deutschen war die Lusitania *(links) ein Hilfskreuzer, der Munition transportierte und in einer Kriegszone angetroffen worden war (oben). Rechts: Kapitän Turner nach dem Untergang seines Schiffs.*

Geschäftsinhabern und Fischern zusammen. Das Rampenlicht, in das er und seine winzige Gemeinde plötzlich getaucht waren, augenscheinlich genießend, erklärte er, die Verhandlung sei anberaumt worden, um ein »unmenschliches Verbrechen« zu untersuchen, bei dem zwei Torpedos, von denen der zweite noch wirkungsvoller gewesen sei als der erste, eingesetzt wurden, um das Passagierschiff *Lusitania* zu versenken.

Der erste Zeuge, der aufgerufen wurde, war Bezirksinspektor Wainsborough. Er berichtete, daß das Marinepatrouillenboot *Heron* am vergangenen Abend in Kinsale vor Anker gegangen sei. Es habe fünf Leichen, Opfer der *Lusitania*-Katastrophe, sowie elf Überlebende an Bord gehabt. Der Kapitän hätte sich entschlossen, Kinsale und nicht Queenstown anzulaufen, weil eine Überlebende, eine Mrs. Julia Sullivan, ärztliche Hilfe brauchte. Horgan erkundigte sich mit der bei Gericht üblichen frostigen Höflichkeit danach, ob sich Mrs. Sullivan auf dem Weg der Besserung befinde. Das täte sie, antwortete Wainsborough.

Dann vertagte Horgan die Verhandlung auf den nächsten Montag.

☙

KAPITÄN TURNER MACHTE EINEN MITLEIDerregenden Eindruck, als er gebeugt und augenscheinlich noch unter Schock stehend in den Zeugenstand trat. Die geborgte Uniform, die er trug, war ein oder zwei Nummern zu groß, so daß es aussah, als wäre er geschrumpft.

Horgan dankte Turner für sein Erscheinen und versicherte ihm, daß die Befragung auf das Notwendigste beschränkt würde.

Auf Horgans Fragen antwortend, erklärte Turner, daß er von den Drohungen, die in New York gegen sein Schiff ausgestoßen worden seien, gewußt habe. Nachdem er betont hatte, daß die *Lusitania* nicht bewaffnet gewesen sei, bestätigte er, daß man ihn vor der Anwesenheit von U-Booten vor der irischen Küste gewarnt habe. Laut seiner Zeugenaussage war er auf der Brücke, als der Torpedo einschlug, und blieb dort, bis er von ihr weggespült wurde, als die *Lusitania* sank.

Er war der (irrigen) Meinung, daß sein Schiff zwischen
»dem vierten und dritten Schornstein« von Schwiegers Torpedo getroffen worden war. Kurz darauf, sagte er, habe eine
zweite, noch stärkere Explosion das Schiff erschüttert.

Warum, wurde Turner gefragt, habe er die Geschwindigkeit verringert, als er sich Irland näherte? Der Kapitän erklärte, daß sich am Morgen dichter Nebel gebildet habe,
und als es sich aufzuklären begann, habe er sich entschlossen, bis nach Liverpool durchzufahren, ohne zu stoppen,
um einen Lotsen an Bord zu nehmen. Dazu sei eine kon-
stante Geschwindigkeit von achtzehn Knoten erforderlich
gewesen. Dies sei unter den gegebenen Umständen die ver-
nünftigste Lösung gewesen. Die Flut zu verpassen und
einen Lotsen an Bord zu nehmen hätte einen Aufenthalt
bedeutet, und reglose Ziele provozierten geradezu einen
U-Bootangriff. Keiner der Geschworenen zog seine Aussage
in Zweifel. Interessanterweise aber erkundigte sich einer
von ihnen, ob Turner zur Zeit des Angriffs im Zickzack gefahren sei. Die Antwort lautete nein.

Nach dem Grund dafür wurde Turner nicht gefragt.

Über die erfolglosen Versuche, die Rettungsboote zu Wasser zu lassen, wollten die Geschworenen jedoch Genaueres
hören. Turner erklärte ihnen, daß die Schlagseite des Schiffs
diese Aufgabe extrem erschwert und riskant gemacht habe,
aber es seien alle Anstrengungen unternommen worden,
und die Besatzung habe seine Befehle genauestens befolgt.
Es habe keine Panik unter den Passagieren gegeben, sagte
er. Ob unter der Besatzung Panik ausgebrochen sei, fragte
man ihn nicht.

Laut Turner hatte Cunard, trotz aller eilfertigen Versiche-
rungen, die in New York abgegeben worden waren, die
Admiralität nicht um Geleitschutz für die *Lusitania* gebeten.
Doch selbst wenn man es getan hätte, ist es zweifelhaft, ob
die Admiralität der Bitte nachgekommen wäre. Die briti-
sche Marine hatte vollauf damit zu tun, ihre militärischen
Aufgaben zu erfüllen. Sie hatte keine Geleitschiffe für ein
Passagierschiff im normalen zivilen Linienverkehr übrig.
Außerdem wäre die *Lusitania,* wenn sie von einem Kriegs-
schiff eskortiert worden wäre, nach geltendem Seerecht Teil
eines Marineverbandes und damit ein legitimes Ziel für einen
U-Bootangriff gewesen.

Ein Geschworener fragte nach den Schotten. Waren sie
geschlossen? Turner sagte ja. Waren alle Passagiere im Besitz von Schwimmwesten? Wiederum ja. Niemand fragte,

I n den Tagen nach dem Unglück wurden Hunderte von Leichen geborgen oder an Land gespült. Links: Die Toten werden im Cunard-Hof in Särge gelegt. Oben: Ein Sarg wird in einen Leichenwagen geschoben, und eine Trauerprozession (links außen) schreitet durch Queenstown.

Auf einem Friedhof außerhalb von Queenstown (ganz oben) heben Soldaten Massengräber aus. Oben: Unter den Augen der Bevölkerung fährt eine lange Reihe von Leichenwagen aus der Stadt hinaus. Rechts: Die Trauerfeier bei einem der Massenbegräbnisse der Todesopfer des Unglücks. Unten: Der Gedenkgottesdienst in der Londoner Westminster Abbey.

ob die Passagiere darin unterwiesen worden waren, wie man sie anziehen und festzurren mußte, damit sie eng und sicher anlagen. Viele Passagiere waren ertrunken, weil ihre Schwimmweste zu locker saß oder sie sie verkehrt herum trugen. Noch mehr starben, weil sie ihre Schwimmwesten nicht mehr holen konnten, nachdem der Torpedo eingeschlagen war. Als das Schiff Schlagseite bekam und kein elektrischer Strom mehr vorhanden war, wagten sich nur wenige Mutige in die Dunkelheit unter Deck, um ihre Schwimmweste aus der Kabine zu holen. Die Geschworenen fragten Turner nicht, warum er es versäumt hatte, alle Passagiere und Besatzungsmitglieder anzuweisen, ihre Schwimmweste anzulegen, als das Schiff in die Gefahrenzone fuhr – eine in Kriegszeiten nicht unübliche Vorsichtsmaßnahme.

Es war nicht zu verkennen, daß Coroner Horgan und die Geschworenen immer noch von der Wut über die Versenkung beherrscht wurden. In ihrem Kopf war wenig Platz für die Frage nach Mitschuldigen. Als die Verhandlung wieder aufgenommen wurde, sprach Horgan über das »furchtbare Verbrechen«, das an Turners Schiff verübt worden war. Es stehe »im Gegensatz zum internationalen Recht und zu den Gepflogenheiten der zivilisierten Nationen«. Die Geschworenen beschuldigten die Offiziere des deutschen U-Boots sowie »den Kaiser und die Regierung von Deutschland, auf deren Befehl sie handelten, des Verbrechens des vorsätzlichen Massenmordes«.

Die Lords der Admiralität und die Cunard-Offiziere stießen ohne Zweifel einen Seufzer der Erleichterung aus. Es war nichts zur Sprache gekommen, das geheimer Natur oder peinlich gewesen wäre.

Nach dem Abschluß der vergleichsweise unbedeutenden irischen Verhandlung war die Bühne bereit für die wesentlich gründlichere Untersuchung durch das Londoner Handelsministerium.

❧

DER VERLUST GROSSER BRITISCHER SCHIFFE ZOG UNWEIGERLICH eine umfassende Untersuchung des Handelsministeriums nach sich, um festzustellen, wen oder was die Schuld traf und ob irgendwelche Regeln geändert werden sollten. (Im Fall der *Titanic* führte die Untersuchung zu der sensationellen Enthüllung, daß das riesige Schiff zu wenige Rettungsboote für Passagiere und Besatzung an Bord gehabt hatte und daß dies unglaublicherweise völlig legal war.) Der mit der Leitung der *Lusitania*-Untersuchung im Juni 1915 beauf-

tragte Richter war der 74jährige Lord Mersey, ein Seerechtsexperte und darüber hinaus derjenige, der 1912 die Untersuchung über den Untergang der *Titanic* geführt hatte. Ihm zur Seite standen vier Beisitzer: je zwei Offiziere der Kriegs- und der Handelsmarine.

Da die Verhandlung in Kriegszeiten stattfand, war ein großer Teil der Beweise als geheim eingestuft und mußte daher in geschlossener Sitzung besprochen werden. Das war verständlich; niemand wollte, daß durch die Verhandlung Informationen öffentlich wurden, die für den Feind von Bedeutung sein könnten. Aber es stellte sich bald heraus, daß weder Cunard noch die Admiralität die Londoner Untersuchungsergebnisse mehr zu fürchten brauchte als jene von Kinsale. Lord Mersey hatte seine Anweisungen erhalten. Er wußte genau, was seine Untersuchung erreichen sollte.

Man hatte eine beeindruckende Riege juristischer Schwergewichte aufgeboten, um sicherzustellen, daß die Verhandlung zu den richtigen Ergebnissen kam. Die Regierung war durch den ersten und zweiten Kronanwalt, Sir Frederick Smith und Sir Edward Henry Carson, vertreten. Carson, eloquent und brillant im Kreuzverhör, war zwanzig Jahre zuvor landesweit bekannt geworden, als er in dem berühmten Verleumdungsprozeß, den der Salonlöwe und Bühnenschriftsteller Oscar Wilde gegen den Marquis of Queensbury angestrengt hatte, den Beklagten verteidigte.

Smith, der spätere Earl of Birkenhead, war ein gleichermaßen gefürchteter Gegner im Kreuzverhör. Er sollte wenig später die Anklage gegen den irischen Revolutionär Sir Roger Casement vertreten, der wegen Hochverrats hingerichtet wurde (was England viel von der Sympathie kostete, die nach der Tragödie der *Lusitania* in Amerika vorhanden war).

An der Spitze der Juristengruppe, die für Cunard und Kapitän Turner sprach, stand der bekannte Anwalt Butler Aspinall. Daneben waren vier Rechtsanwälte, die Ansprüche von Passagieren vertraten, sowie Repräsentanten der kanadischen Regierung und verschiedener Gruppen von Besatzungsmitgliedern zugegen.

Sechsunddreißig Personen wurden in den Zeugenstand gerufen, in der Mehrzahl Offiziere des Schiffs. Unter den Passagieren, die als Zeugen gehört wurden, waren drei amerikanische Bürger, obwohl weitaus mehr vernommen worden waren. Wie Lord Mersey erklärte, wollte man die endlose Wiederholung der im wesentlichen immer gleichen Zeugen-

Im Juni 1915 eröffnete das britische Handelsministerium in der Westminster Hall die amtliche Untersuchung des Unglücks. Geleitet wurde sie von Lord Mersey, dem Richter, der auch die Untersuchung über den Untergang der Titanic durchgeführt hatte.

aussage vermeiden. Sowohl die Admiralität als auch Cunard hätten die Untersuchung zweifellos gern dazu genutzt, sich gegenseitig die Schuld zuzuschieben, aber Lord Mersey ließ es nicht dazu kommen. Die Untersuchung war eingeleitet worden, um der Welt mitzuteilen, wer für »das gemeinste Verbrechen, das jemals begangen wurde«, verantwortlich war, und er wollte diese Aussage nicht durch vergleichsweise unbedeutende Meinungsverschiedenheiten zwischen Cunard und der Admiralität trüben lassen.

Was immer Lord Mersey privat von Kapitän Turner und seiner Führung der *Lusitania* vor und während des Notfalls halten mochte, er sorgte dafür, daß in der Verhandlung in der ehrwürdigen Central Hall in Westminster keinerlei Kritik an dem altgedienten Seemann laut wurde. Wie in Kinsale durfte es nur einen Schuldigen geben: Deutschland.

Turner war wiederum einer der Schlüsselzeugen, und wie gewieft die herangezogenen Juristen auch gewesen sein mochten, sie enthüllten kaum mehr von der Geschichte als der kleine Coroner von Kinsale. Turner erklärte, daß die *Lusitania* wegen des Nebels nur mit achtzehn Knoten gefahren sei und daß er die Absicht gehabt habe, mit der Flut in Liverpool einzutreffen. Und nein, er habe sich wegen der U-Boote keine großen Sorgen gemacht. Die Geschwindigkeit sei angemessen gewesen, und ohne Aufenthalt durchzufahren sei sicherer gewesen, als anzuhalten und einen Lotsen aufzunehmen.

Einige Schwierigkeiten bereitete Turner jedoch die Frage, warum er nicht Zickzack gefahren war. Die Anweisung, in Gewässern, in denen U-Boote vermutet wurden, im Zickzack zu fahren, sei ihm bekannt gewesen. Aber er habe die

Anordnung der Admiralität, wie er entschuldigend eingestand, falsch interpretiert. Er habe sie so verstanden, daß er einen Zickzackkurs einschlagen sollte, sobald er ein U-Boot sichtete, nicht vorher.

Warum, fragte ihn Carson, sei er so dicht am Old Head of Kinsale vorbeigefahren, obwohl die Admiralität alle Schiffe aufgefordert hatte, in der Mitte des Seeweges zu bleiben?

Turner antwortete, daß er anhand der Landspitzen eine Vierstrichpeilung vornehmen wollte. Das Schiff sei mehrere Stunden durch dichten Nebel gefahren, und als sich die Bedingungen besserten, habe er den Wunsch gehabt, seine exakte Position zu bestimmen. Er hätte zwar ungefähr gewußt, wo er war, aber eben nicht genau.

MEMENTO EINER TRAGÖDIE

Fünf Jahre nach dem Untergang der *Lusitania* wurde diese Schwimmweste in Philadelphia aus dem Delaware gefischt. Die Schwimmweste mußte mit dem Golfstrom südwärts nach Afrika getrieben sein, bevor sie nach Westen gespült wurde und an der amerikanischen Ostküste entlangschwamm – eine Reise über viele tausend Seemeilen.

Turners Aussage bestärkte das Bild des verkrusteten Kapitäns mit feststehenden Ansichten und Gewohnheiten, dem es widerstrebte, sich wegen etwas so Banalem wie einem Weltkrieg zu ändern. Er schien nichts Ungewöhnliches daran zu finden, auf schnurgeradem Kurs eine Küste entlangzufahren, von der bekannt war, daß sie von U-Booten verseucht war. Für ihn wog das Risiko, das er einging, indem er die Geschwindigkeit verringerte und dicht an den vielen Landzungen entlangsteuerte – bevorzugten Plätzen für auf Beute lauernde U-Boote –, offenbar geringer als die Gefahr, vor der Zeit in Liverpool einzutreffen.

Die *Lusitania* war nur etwa zwanzig Kilometer vom Old Head of Kinsale entfernt, als sie von Schwiegers Torpedo getroffen wurde. Carson fragte Turner, ob er die Anweisung der Admiralität, in der Mitte des Seeweges zu fahren, erhalten habe. Turner sagte, das habe er. Carson stand vor einem Rätsel. Ob Turner andeuten wolle, daß er in der Mitte fuhr, als der Torpedo einschlug?

»Es war praktisch das, was ich die Mitte nennen würde«, erwiderte Turner ungeschickt. Später veränderte er seine Geschichte ein wenig und behauptete, er sei nicht in der Mitte gefahren, weil er glaubte, daß dort ein U-Boot auf der Lauer lag.

Die Cunard-Vertreter müssen innerlich aufgestöhnt haben, während eine Frage der anderen folgte. Nach dem Verhalten der Besatzung nach dem Torpedotreffer gefragt, sagte Turner, sie habe gute Arbeit geleistet, obwohl er zugeben müsse, daß sie aufgrund einer Schlagseite von fünfzehn Grad, die rasch schlimmer wurde, große Schwierigkeiten gehabt habe, die Rettungsboote herabzulassen. Er gestand ein, daß die Besatzung mehr Übung im Umgang mit den Rettungsbooten hätte haben müssen, sagte aber nichts, das diesen Mangel gerechtfertigt hätte, sondern erklärte nur, daß es in Kriegszeiten auf allen Schiffen das gleiche sei. Man müsse seine Besatzung aus den Männern zusammenstellen, die zur Verfügung ständen, ganz gleich, wie erfahren oder unerfahren sie waren. Er gab also zu, daß die Besatzung erheblich mehr Übung an den Rettungsbooten gebraucht hätte. Doch niemand fragte ihn, wieso er es in den Tagen vor der Torpedierung versäumt hatte, ihr diese Übung zu verschaffen oder gar angemessene Unterweisungen für Besatzung und Passagiere durchzuführen.

Carson fragte Turner statt dessen, ob sein Schiff bewaffnet oder unbewaffnet gewesen sei.

»Unbewaffnet«, antwortete Turner ohne jedes Zögern.

»Hatte es irgendwelche Angriffs- oder Verteidigungswaffen für den Einsatz gegen den Feind an Bord?«

»Nein.«

ALFRED BOOTH, DER PRÄSIDENT VON CUNARD, BESTÄTIGTE IN seiner Zeugenaussage, ohne ein Wort der Entschuldigung zu äußern, daß es eine Entscheidung der Reederei gewesen sei, die *Lusitania* nur mit »drei Vierteln der Dampfkraft« fahren zu lassen, was eine Verringerung der Geschwindigkeit von vierundzwanzig auf etwas mehr als einundzwanzig Knoten zu Folge gehabt habe. Die Direktoren von Cunard seien der Ansicht gewesen, daß »die Differenz zwischen 21 und 24 Knoten, was das Ausweichen vor U-Booten betrifft, nicht ins Gewicht falle«.

Die Untersuchung endete damit, daß Deutschland die gesamte Schuld angelastet wurde, während Cunard und die britische Marine von jeder Mitschuld freigesprochen wur-

DIE *LUSITANIA*-KRANKENWAGEN

E ine nachhaltige Hinterlassenschaft der Katastrophe waren die sogenannten *Lusitania*-Krankenwagen.

Auf der von der Versenkung ausgelösten Woge

patriotischer Gefühle reitend, stiftete Cunard zwei Krankenwagen, die von Lady Booth, der Frau des Direktors von Cunard, übergeben wurden und bis 1918 in Frankreich im Einsatz waren.

den. Vielleicht war von einer solche Untersuchung in Kriegszeiten kein anderes Ergebnis zu erwarten. Eine rückhaltlose Verurteilung von Kapitän Turner, Cunard oder der Royal Navy wäre mehr als unpassend gewesen. Sie wäre in jenen emotional aufgeheizten Zeiten möglicherweise sogar als Verrat gewertet worden. Aber die Untersuchung war nicht geeignet, all jene zu beschwichtigen, die einen geliebten Menschen oder wertvollen Besitz verloren hatten. Und sie hatte einige besonders bohrende Fragen unbeantwortet gelassen. Hatte ein Teil der Besatzung versagt, als die Katastrophe eintrat? Hatte sich der Kapitän durch seine Art, das Schiff zu führen, der groben Fahrlässigkeit schuldig gemacht? Hätte die britische Marine mehr tun müssen? Transportierte die *Lusitania* Sprengstoff und/oder Waffen? Die Untersuchung rief bei vielen mehr Fragen hervor, als sie beantwortete. Aber egal. Die Schuldigen waren einzig und allein Walther Schwieger und die Besatzung von *U-20* und darüber hinaus die ganze deutsche Nation mitsamt der Mittelmächte. Immerhin waren sie diejenigen gewesen, die den tödlichen Torpedo in die ungeschützte Bordwand des Passagierschiffs geschossen und über tausend unschuldige Menschen in den Tod geschickt hatten.

Aber war es wirklich so einfach? Die britische Regierung hatte die *Lusitania* und die *Mauretania* voller Stolz als Hilfskreuzer auf die Marineliste gesetzt, und sie hatte begonnen, Handelsschiffe mit versteckten Waffen auszurüsten, zwei Tatsachen, die Schwieger davor zurückschrecken ließen, sich zu zeigen, bevor er den Torpedo abfeuerte. Solche Einzelheiten wurden bequemerweise außer acht gelassen.

ↅ

ZWEI JAHRE NACH DER TRAGÖDIE ERSCHIENEN DREIUNDdreißig der Zeugen, die bereits in der Mersey-Untersuchung ausgesagt hatten, vor einem Londoner Notar. Ihre Aussagen wurden für ein Verfahren in New York benötigt, in dem über die Klagen von fast siebzig Einzelpersonen und Gruppen befunden werden sollte. Die meisten Klagen betrafen Schadenersatzansprüche gegen Cunard.

Der Fall kam vor Richter Julius M. Mayer, einen früheren Generalstaatsanwalt des Staates New York. In der Zwischenzeit waren zahllose Artikel und mehrere Bücher über den Untergang der *Lusitania* veröffentlicht worden, und es hatte sich etwas ereignet, das von tiefgreifender Bedeutung war: Die Vereinigten Staaten waren in den Krieg gegen Deutschland eingetreten. Deshalb wurde die Mayer-Untersuchung

ebenso von Sicherheitsbeschränkungen behindert wie schon die Verhandlung in London. Der bedeutsamste Punkt der New Yorker Verhandlung ist vielleicht, daß die Anwälte der Kläger in ihren Schriftsätzen weder Waffen noch Sprengstoff oder Truppen erwähnten – Dinge, über die sich die Deutschen so lautstark beschwert hatten. Tatsache ist, daß sie nirgendwo einen Beleg für eine Theorie finden konnten, die sie andernfalls mit Freuden aufgegriffen hätten, um ihre Klagen abzustützen.

ↅ

KAPITÄN TURNER WAR EINER DER SCHLÜSSELZEUGEN DER LONdoner Untersuchung gewesen. Diesmal wurde seine Aussage in schriftlicher Form vorgelegt.

Sie ließ erkennen, daß Turner zwei Jahre Zeit gehabt hatte, an ihr zu feilen, zweifellos mit der unschätzbaren Unterstützung des Rechtsberaters von Cunard, Butler Aspinall. Er hatte dem amerikanischen Richter wenig Neues mitzuteilen. Sein Schiff habe keine Kanonen oder Sprengstoffe an Bord gehabt; die mitgeführte Munition bezeichnete er als »Sicherheitspatronen«. In bezug auf die Geschwindigkeit zum Zeitpunkt des Torpedotreffers wiederholte er, was er bereits zu Protokoll gegeben hatte. Er gab zu, daß er den Befehl hätte geben können, die sechs unbenutzten Dampfkessel anzuheizen; das Schiff hätte dann seine Höchstgeschwindigkeit von rund fünfundzwanzig Knoten erreicht – obwohl es einige Stunden gedauert hätte, bis der nötige Druck vorhanden gewesen wäre. Aber er hielt achtzehn Knoten unter den gegebenen Umständen für ausreichend.

Er war außerdem immer noch der Meinung, daß er den Anweisungen der Admiralität in jeder Hinsicht gefolgt und in der Mitte des Seeweges gefahren war, obwohl er einräumte, daß er nicht mehr als zwanzig Kilometer von der Küste entfernt war. Was die Frage des Zickzackfahrens betraf, hatte Turner die Zeit genutzt, um seine Aussage, er hätte geglaubt, die entsprechende Anordnung der Admiralität beziehe sich nur auf den Fall, daß man ein U-Boot gesichtet hatte, zu glätten. In seiner eidesstattlichen Aussage hieß es, er hätte die Instruktionen der Admiralität als bloße »Empfehlungen« eingestuft.

ↅ

RICHTER MAYER VERKÜNDETE SEINE ENTSCHEIDUNG IM AUGUST 1918. Die Alliierten befanden sich immer noch im Krieg, und Mayers Entscheidung spiegelte diese Tatsache wider, enttäuschte jedoch nur jene unter seinen Landsleuten, die

Cunard haftbar machen wollten. Weder die Schiffahrtsgesellschaft noch Kapitän Turner, befand Mayer, hätten sich etwas zuschulden kommen lassen. Das Schiff und seine Rettungsboote hätten sich in »ausgezeichnetem Zustand« befunden. Übungen an den Booten? Nach Mayers Dafürhalten waren sie »ausreichend und fachmännisch« gewesen. Der Besatzung könne weder Fahrlässigkeit noch Unfähigkeit vorgeworfen werden. Mayer ignorierte die Aussage eines Zeugen, der angab, er hätte gesehen, wie ein Besatzungsmitglied ein Seil zu früh losließ, so daß ein Boot voller Passagiere ins Meer stürzte. Ein anderer Zeuge hatte beobachtet, wie sich ein Rettungsboot voller Matrosen von dem Schiff entfernte. Auch diese Aussage ließ Richter Mayer außer acht. Soweit es ihn betraf, gehörte die Schuld an der ganzen traurigen Angelegenheit, einer der »unentschuldbarsten Taten der Neuzeit«, nur an einen Ort: auf die Schultern des kaiserlichen Deutschland. Der Angriff, fügte er hinzu, sei »absichtlich und nach reiflicher Überlegung« erfolgt. Der einzige Zweck der Versenkung der *Lusitania* hätte darin bestanden, Menschenleben und materielle Güter zu vernichten. Mit anderen Worten, es gab keinen taktischen Grund für die Versenkung des Luxusliners. Laut Mayer war es reine Bösartigkeit gewesen, eine Ansicht, die von der großen Mehrheit des alliierten Lagers geteilt wurde.

Damit endeten die amtlichen Untersuchungen des Untergangs der *Lusitania*.

Turner erhielt im November 1915 die Gelegenheit, seine Version der Ereignisse öffentlich darzustellen. Cunard hatte ihm das Kommando über einen 10 000-Tonnen-Frachter namens *Ultonia* gegeben, mit dem er von Frankreich nach Quebec City fuhr. Während des Aufenthalts dort reiste er nach New York, um ein paar Tage mit einem alten Freund zu verbringen, und in dieser Zeit gab er der *New York Times* ein Interview. Er erzählte dem Reporter, daß er das Inserat der deutschen Botschaft gesehen habe (das vermutlich eher von Sympathisanten der Deutschen aufgegeben worden war). Er habe es gelesen, sagte er, aber niemals geglaubt, daß etwas derart Schreckliches tatsächlich passie-

ren würde. Trotzdem, fügte er hastig hinzu, habe er dafür gesorgt, daß das Schiff auf den Notfall vorbereitet war.

Er gab zu, daß viele Besatzungsmitglieder weniger erfahren waren, als er es sich gewünscht hätte. »Die Vollmatrosen von altem Schrot und Korn sind mit den Segelschiffen verschwunden«, sagte er, blieb aber dennoch dabei, daß jeder an Bord gut auf seine Aufgaben im Notfall vorbereitet war: »Es erfüllt mich mit Genugtuung, daß jede Vorsichtsmaßnahme ergriffen und nichts unterlassen wurde, was dazu beigetragen haben mag, daß an jenem Tag Leben gerettet wurden.« Um siebzehn Uhr am Tag vor dem Untergang seien

Richter Julius M. Mayer an Bord des Linienschiffs Olympic, *des Schwesterschiffs der* Titanic.

die Rettungsboote ausgeschwenkt worden, und er habe angeordnet, alle Schotten zu schließen. »Egal, was wir getan hätten oder mit welcher Geschwindigkeit die *Lusitania* gefahren wäre, die U-Boote hätten sie bekommen, wie sie es vorhatten, indem sie den richtigen Winkel zum Kurs auf die irische Küste einnahmen und einfach abwarteten, bis sie sie mit allem an Bord in die Luft jagen konnten.« Turner glaubte, daß zwei oder sogar drei U-Boote beteiligt waren. Die Passagiere seien nicht in Panik ausgebrochen, sagte er, »bis einige Zwischendeckpassagiere zu schreien und wild herumzurennen begannen«.

Im folgenden Jahr übernahm Turner das Kommando über ein 14 000-Tonnen-Schiff der Cunard Company, den Truppentransporter *Ivernia*. Er wurde am Neujahrstag 1917 vor Kap Matapan torpediert. Sechsunddreißig Menschen verloren ihr Leben, doch Turner überlebte auch dieses Unglück.

DER PROPAGANDAKRIEG

E inige Überlebende der *Lusitania* erinnerten sich mit schmerzlicher Deutlichkeit daran, daß die Besatzung von *U-20* auf dem Vor-

E ine deutsche Illustration (oben) zeigt die sinkende Lusitania mit kleinen Geschütztürmen. Auf alliierter Seite wurde der deutsche Kaiser, mit einer teutonischen Piratenflagge drapiert, neben der Warnung abgebildet, die in den amerikanischen Zeitungen erschienen war (links). Die Deutschen prägten eine Propagandamünze, auf der Cunards »abgebrühte« Entscheidung, auf einem »Blockadebrecher« Passagiere zu befördern, verspottet wurde. Sie wurde in England als Beweis der deutschen Barbarei sofort in Tausenden von Exemplaren nachgeprägt (unten) und auf Plakaten abgebildet (rechts).

derdeck und dem Kommandoturm des U-Boots höhnisch lachend auf die im eisigen Wasser um ihr Leben kämpfenden Menschen zeigten und das Schauspiel zu genießen schienen.

In Wirklichkeit war U-20 nach der Torpedierung der *Lusitania* nicht aufgetaucht. Was sich den Überlebenden eingeprägt hatte, war eine Karikatur, die kurz nach der Tra-

gödie veröffentlicht wurde und genau die Szene zeigte, an die sie sich so lebhaft erinnerten. Das war kaum überraschend. Der Verlust des berühmten Schiffs erfuhr eine

enorme Publizität, und es konnte leicht geschehen, daß sich die Propaganda mit der Wirklichkeit vermengte. Und die Regierungen taten alles, um das Feuer anzufachen.

Die britischen Militärbehörden stellten fest, daß die Katastrophe bemerkenswerte Auswirkungen auf die Rekrutierung hatte. Wie Werbe-fachleute es bei einer Marketing-kampagne tun, verfolgten die höheren Offiziere aufmerksam, welche Themen sich in den Rekrutierungsbüros »auszahlten«, und bald waren überall Plakate mit Schreckenszenen zu sehen, die den untergehenden Luxusliner und unglückliche Passagiere zeigten, die im eisigen Wasser ums Überleben kämpften. »Nimm das Schwert der Gerechtigkeit auf«, wurde auf einem der Plakate verlangt, während im Hintergrund die *Lusitania* in die Tiefe sank. »Denk an die *Lusitania*« wurde für die Engländer zu einem mobilisierenden Schlagwort, wie es der Ruf »Denk an Alamo« einst für die Amerikaner gewesen war.

Die Karikaturisten zeigten die

Deutschen mit Vorliebe entweder als geifernde, rücksichtslose Monster, die jeden umbrachten, der ihnen zufällig über den Weg lief, oder als abgefeimte, hinterhältige Ränke-schmiede, die ständig dabei waren, sich irgendeine Gemeinheit gegen den Rest der Welt auszudenken. Auf solchen Karikaturen sah Kaiser Wilhelm einmal wie der Schurke aus einem viktorianischen Melodram aus, komplett mit schwarzem Cape und Zylinder, und ein andermal wie ein Hunnenkrieger mit Pickelhaube und passendem Schnurrbart.

Die deutschen Karikaturisten ihrerseits charakterisierten John Bull als verfetteten Maulhelden, König Georg als zitternden Idioten und Onkel Sam als unbeholfenen Hinterwäldler. Es war das übliche Repertoire des Propagandakrieges. »Sie« waren ohne Rücksicht und Gnade, gleichzeitig aber auch nicht allzu gescheit, während »unsere« Soldaten ausnahmslos freundliche Wesen mit genau der richtigen Beimischung von Respektlosigkeit waren. Die Propagandachefs machten keinen Hehl aus ihren

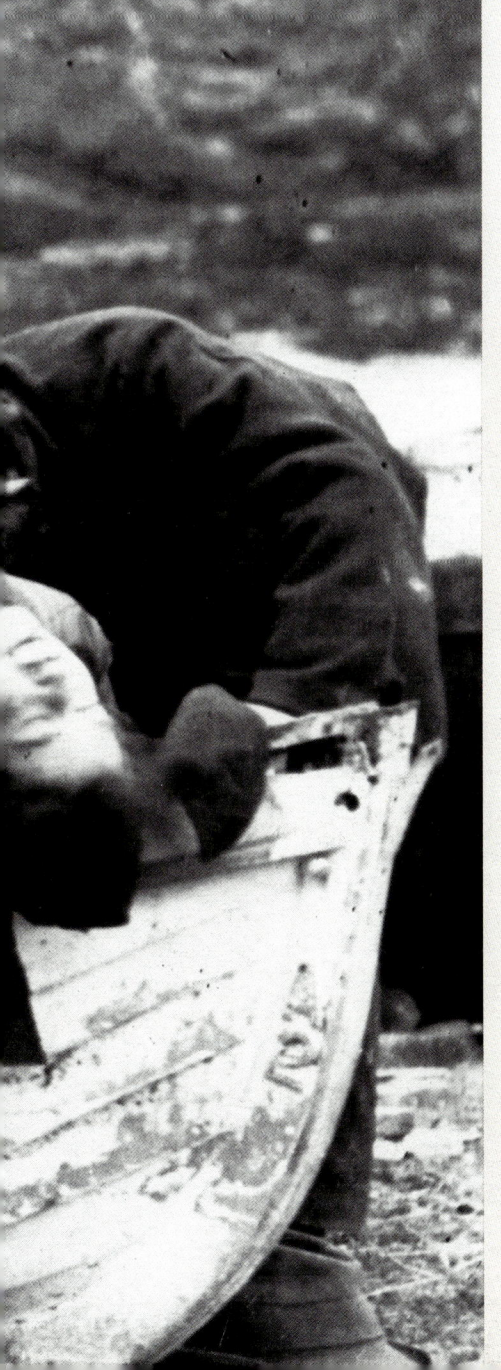

E ine solche ergreifende Fotografie (links) mußte auch das unempfind lichste Herz gegen Deutschland aufbringen. Bei näherer Betrachtung zeigt sich jedoch, daß der Namenszug wesentlich größer ist als auf den echten Rettungsbooten der Lusitania und daß es dem kindlichen Opfer offensichtlich schwerfällt, nicht aus der Rolle zu fallen. Unten: Ein Rekrutierungsplakat.

In England verzeichnete man nach der Versenkung der Lusitania *eine Zunahme der Zahl von Kriegsfreiwilligen und beschloß, noch mehr Kapital daraus zu schlagen (links). Nach dem Kriegseintritt der USA wurde die Lusitania auch dort für die Anwerbung (rechts oben) und für den Verkauf von Kriegsanleihen (rechts Mitte) benutzt. Stämmige Deutsche weiden sich an ihrer Greueltat (rechts unten), allerdings vom falschen U-Boot (U-24) aus.*

—From La Revue Hebdominaire, Paris.

Absichten: den Haß auf die andere Seite zu schüren, die Freundschaft mit den Verbündeten zu festigen, die Sympathie der Neutralen zu gewinnen und, wenn möglich, den Feind zu demoralisieren.

Die Versenkung der *Lusitania* war ein gefundenes Fressen für die Propagandamühle. Es war alles beisammen: ein grausamer Feind, unschuldige, unbewaffnete Opfer, viele betroffene Yankies und, was vielleicht am wichtigsten war, Größe. Der Untergang der *Lusitania* beflügelte die Phantasie der Menschen genauso wie vorher das Schiff. Also gaben die Behörden Presseerklärungen heraus, verschickten Fotos, schrieben Skripts für Vorträge und Artikel für Zeitschriften. Es war eine überaus erfolgreiche Kampagne, die der alliierten Sache zweifellos mehr Unterstützung einbrachte als tausend politische Reden. Überall in England füllten Fotos von Opfern und detaillierte Skizzen des Untergangs die Seiten der Zeitungen und Zeitschriften. »Den Fängen der Deutschen entkommen«, lautete eine Bildunterschrift unter einem Foto von an Land gehenden Überlebenden. »Für die Opfer von Deutschlands größter Piraterie«, hieß es unter einem anderen, auf dem Wagenladungen von Särgen zu sehen waren, die nach Queenstown gebracht wurden.

Die Deutschen andererseits erlebten die von der britischen Marine errichtete Blockade, und die meisten glaubten (zu Recht), daß die Engländer keine Bedenken dagegen hatten, sie zu Tode zu hungern – Männer, Frauen und Kinder –, wenn dies das Mittel war, um den Krieg zu gewinnen. Die Mehrheit der Deutschen betrachtete die *Lusitania*-Affäre als heldenhaften Angriff auf einen »bewaffneten Hilfskreuzer« und glänzenden Triumph über einen gnadenlosen Feind, dessen Verhalten zutiefst zu verurteilen war.

Die Versenkung der *Lusitania* fügte der Propaganda der Deutschen, insbesondere in Amerika, unzweifelhaft einen irreparablen Schaden zu. Der deutsche Botschafter in Washington berichtete seinen Vorgesetzten, daß die Bemühungen, das Ansehen seines Landes in Amerika zu heben, durch die *Lusitania*-Affäre vollständig zunichte gemacht worden seien. Es gab zwar Millionen deutschfreundlicher Amerikaner, aber sie hatten rasch gespürt, daß ihr Land als Ganzes mit England sympathisierte.

In den Jahren danach wurde immer wieder einmal an die *Lusitania*-Geschichte erinnert, auf bizarrste Weise vielleicht von einem Spielfilm mit dem Titel *The Kaiser, the Beast of Berlin*. In diesem Phantasieprodukt der Jewel Productions aus dem Jahr 1918 wurde der Kommandant von U-20, Walther Schwieger, vom Kaiser persönlich für die Versenkung der *Lusitania* ausgezeichnet, nur um anschließend, vermutlich unter dem Gewicht der Schuld, in Wahnsinn zu verfallen und Selbstmord zu begehen. Ein Kino in Omaha, Nebraska, das den Film mit großem Erfolg zeigte, hatte ein Schild am Eingang angebracht, auf dem stand: PRODEUTSCHE HABEN FREIEN EINTRITT. Nach Aussage des Eigentümers hat niemand von diesem großzügigen Angebot Gebrauch gemacht.

Siebentes Kapitel

DIE ERFORSCHUNG DER LUSITANIA

Oben: Jason *wird nach einer nächtlichen Tauchfahrt wieder an Bord geholt.* Rechts: Delta *strahlt den am Bug der* Lusitania *immer noch lesbaren Namenszug an.*

IR HATTEN BEI DER Erforschung der *Lusitania* den großen Vorteil, keine Zeit auf die Suche nach dem Wrack verschwenden zu müssen, wie bei der *Titanic* und der *Bismarck* oder anderen Expeditionen. Die örtlichen Fischer kannten die genaue Lage, da sie im Lauf der Jahre zahllose Netze an ihm verloren hatten, und so ging unser Kommandoschiff, die *Northern Horizon,* direkt über den Überresten des Ozeanriesen in Position. Die irische Küste sah verlockend nah aus, anscheinend in Reichweite eines guten Schwimmers. Aber jene Passagiere der *Lusitania,* die es versuchten, hatten zu ihrem Leidwesen bald feststellen müssen, wie weit sie wirklich entfernt war.

Es gab wenig zu sagen, als wir in den auf dem Deck der *Northern Horizon* befestigten abgedunkelten Kontrollwagen von *Jason* gingen. In dem engen Raum genossen Monitore und Schalttafeln den Vorzug vor den fehlbaren Menschen, die sie bedienten, und wir quetschten uns in die freigebliebenen Ecken, um das große Abenteuer in Gang zu bringen. Der erste Schritt war eine vollständige Sonarerkundung des Wracks. Aus unseren vorbereitenden Untersuchungen wußten wir, daß das Wrack auf der Steuerbordseite lag, und zwar ohne die Schornsteine und den größten Teil der Aufbauten.

Wie sich herausstellte, lag die *Lusitania* entlang einer Peilung von 230 Grad, das heißt von Südwesten nach Nordwesten. Wir begannen mit der Vermessung und erhielten aus den Sonarechos nach und nach einen Umriß des Wracks. Der Rumpf war beim Untergang zwischen dem dritten und vierten Schornstein auseinandergebrochen. Der verbogene Rumpf lag jetzt wie ein gigantischer Bumerang auf dem Meeresboden. Die Bruchkante befand sich ungefähr dort, wo auch die *Titanic* auseinandergebrochen war, im Bereich des riesigen Speisesaals und des Salons der ersten Klasse. Die großen offenen Räume dieser Schiffe waren nicht für eine derartige Belastung ausgelegt. Die Bordwand schien überwiegend glatt zu sein, aber die Sonarechos, die von den Aufbauten zurückgeworfen wurden, malten ein chaotisches Bild der Zerstörung und des Durcheinanders.

Auf unserem Kommandoschiff war auch unsere einzigartige Fahrzeugflotte verstaut: *Delta,* unser Mini-U-Boot; *Jason,* ein 1350 Kilogramm schweres ferngesteuertes Unterwasserfahrzeug mit einer ganzen Batterie von Scheinwerfern und Kameras, das zudem mit einem kleinen Toch-

Unser Kontrollraum auf der Northern Horizon war ein umgebauter Schiffscontainer, der mit einer Reihe von Computern und Monitoren ausgestattet worden war (rechts). In einem zweiten Container (links oben) waren unser U-Boot Delta und dessen Ersatzteile verstaut.

Die ferngesteuerte Erkundung würde zum großen Teil mit Hilfe von Jason (links unten) erfolgen, aber auch mit dem kleineren Roboterfahrzeug Homer (oben).

terschiff namens *Medea* ausgerüstet war, und schließlich *Homer,* ein weiteres kleineres Fahrzeug, das wir uns von der Harbor Branch Oceanographic Institution ausgeliehen hatten. Diese Kollektion bemannter und unbemannter Fahrzeuge, die bei der *Titanic* zum erstenmal erprobt worden waren, ermöglichte es uns, das Wrack aus nächster Nähe zu untersuchen und unsere Erkenntnisse durch Fotografien von ausgezeichneter Qualität zu belegen.

Nach Beendigung der Sonarvermessung war es Zeit, *Jason* zu einer Erkundungsfahrt hinunterzuschicken. Von Martin Bowen von unserem Kontrollraum aus gesteuert, glitt *Jason*

in die aufgewühlte See und machte sich auf den Weg zum Meeresboden. In unsere beengten Sitze geklemmt, verfolgten wir auf dem Monitor, wie das Roboterfahrzeug in die Dunkelheit hinabtauchte. Fischschwärme, die über den mechanischen Eindringling in ihrer Mitte offenbar wenig erfreut waren, stoben auseinander. Und dann endlich sahen wir das große Linienschiff.

Keiner von uns sagte ein Wort. Es war, als stände man einer legendären Figur aus der Geschichte von Angesicht zu Angesicht gegenüber, und in vieler Hinsicht war die *Lusitania* eine solche Figur. Sie war in ihrer Zeit ein technolo-

gisches Wunder gewesen, das damals ebensoviel Erstaunen hervorrief wie heute der Tarnkappenbomber. Die *Lusitania* war das erste Linienschiff, auf dem die riesigen Turbinen eingesetzt wurden, die heute die allgemein übliche Antriebstechnik großer Schiffe darstellen, und sie war das erste Schiff, auf dem es elektrische Steuersysteme und solchen Luxus wie elektrische Aufzüge zwischen den Decks gab. Die *Lusitania* war aus dem Stoff, aus dem Legenden gemacht sind, und ihr Name rangiert weit oben auf jeder Liste der Unsterblichen der Seefahrt. Und da war sie nun, dicht genug, wie es schien, um sie zu berühren.

Die Legende war gedemütigt worden. Sie lag zerbrochen und zerschlagen am Meeresboden, fast ohne Aufbauten, mit aufgerissenen Luken auf der Backbordseite, ein trauriges Echo ihrer früheren Größe. Sie war nicht mehr der hochmütige »schwimmende Palast«, in dem sich der Adel und die Superreichen aus Europa und Amerika ein Stelldichein gaben, und der stolze Träger des Blauen Bandes für die schnellste Atlantiküberquerung. Zudem war sie in den vergangenen achtzig Jahren von mehreren Tauchexpeditionen eines großen Teils ihrer verbliebenen Schönheit beraubt worden. Vor kurzem erst haben der anerkannte Besitzer der

Lusitania, Greg Bemis, und der Staat Virginia Klage gegen eine Gruppe von Tauchern erhoben, die im Sommer 1994 einige Dinge von dem Schiff entfernten. Ich trete zwar für den unbeschränkten Zugang zu historischen Schiffen wie der *Lusitania* ein, bin aber, wie ich wiederholt erklärt habe, gegen die Entnahme von Gegenständen. Diese Schiffe sollten so erhalten bleiben, wie sie sind, als Denkmale und als archäologische Stätten, die für zukünftige Generationen von Interesse sind.

Trotz alledem strahlt die *Lusitania* immer noch eine gewisse Würde aus. Die Stahlkonstruktion ist bemerkenswert sauber und kaum von Meeresbewohnern und Pflanzen verkrustet; auf weiten Flächen des Rumpfs ist noch der anwuchsverhindernde Anstrich zu sehen, der nach achtzig Jahren auf dem Meeresboden erstaunlich frisch wirkt. Viele der Bullaugen sind nicht zerbrochen und sehen so gut wie neu aus.

Wir begegneten bald einer potentiellen Gefahr. Teile des Rumpfs waren von Fischernetzen aus Nylon bedeckt, die sich auf dem Wrack verfangen hatten. Ich wußte aus bitterer Erfahrung, daß man sich besser von solchen Netzen fernhält.

Ich bin sicher, daß wir in dem vollgestopften Kontrollraum auf der *Northern Horizon* von demselben Gefühl erfüllt waren, das Forscher spüren, die antike Kunstwerke ausgraben. Wir hatten einen großen Schatz gefunden, ein Juwel aus vergangener Zeit. Doch unter die Erregung mischte sich Trauer; unsere Gedanken wandten sich zwangsläufig den Passagieren und Besatzungsmitgliedern zu, die als unschuldige Opfer des Krieges bei dem Unglück gestorben waren.

Jason setzte seine visuelle Abtastung unermüdlich fort und fuhr kreuz und quer über die Stahlfläche, um jeden Quadratzentimeter davon zu erfassen. Wir erhielten mittels Hochfrequenzsonar ein computerisiertes, farbkodiertes dreidimensionales Abbild des Wracks, das einen unschätzbaren Plan für seine Untersuchung darstellte, konnten wir doch ein 3-D-Bild

Während Martin Bowen Jason *steuerte, vergleiche ich einen Abschnitt des Wracks mit einem alten Foto der* Lusitania.

des Schiffs aus seiner großen Zeit darüber legen und so auf einen Blick feststellen, welche Bereiche durch den Untergang besonders in Mitleidenschaft gezogen worden waren.

Die *Lusitania* war zu einem gigantischen Lebensraum für Tausende von Fischen geworden, die über die verzogenen Decks huschten, durch die Luken und Bullaugen hinein- und herausschwammen und durch die seit langem verstummten Maschinenräume, Kabinen und Salons glitten.

Das Wrack wirkt mit seinen eingebrochenen Decks und dem verwüsteten, zerquetschten Inneren merkwürdig erniedrigt. Die Korridore und Kabinen, die einst so luxuriös ausgestattet und so sorgsam gepflegt wurden, bieten einen alptraumhaft verzerrten Anblick, so als wären sie in ein Spiegelkabinett geraten. Sie sind zu grotesken Karikaturen ihrer selbst geworden. Metallkonstruktion, Decks und Wände sind unter der erdrückenden Last der Schwerkraft gefaltet und verdreht worden, und der Schiffsmast ist von ursprünglich siebenundzwanzig auf rund zwölf Meter geschrumpft. Die Schornsteine fehlen; ihr dünnes Stahlblech ist weggerostet. Die *Lusitania* scheint auf gespenstische Weise in ihre Jugend zurückgekehrt zu sein, indem sie alle jene Teile abwarf, die hinzugefügt wurden, nachdem sie an einem strahlenden Frühlingstag im Juni 1906 vom Stapel gelaufen war.

Es war ein erregender Augenblick, als ihr Name im Licht von *Jasons* Scheinwerfern auftauchte. Die Messingbuchstaben waren zu Beginn des Krieges aus Sicherheitsgründen übermalt worden. Ihre Halterung war inzwischen von der Korrosion zerfressen worden, so daß sie abfielen und im Sand und Schlick des Meeresbodens verschwanden, aber ihre Umrisse sind immer noch zu erkennen. Kein Archäologe, der in einer lange Zeit unentdeckt gebliebenen Höhle prähistorische Hieroglyphen entzifferte, konnte aufgeregter sein, als wir es waren.

Der erste Versuch, *Jason* dichter an das Wrack heranzu-

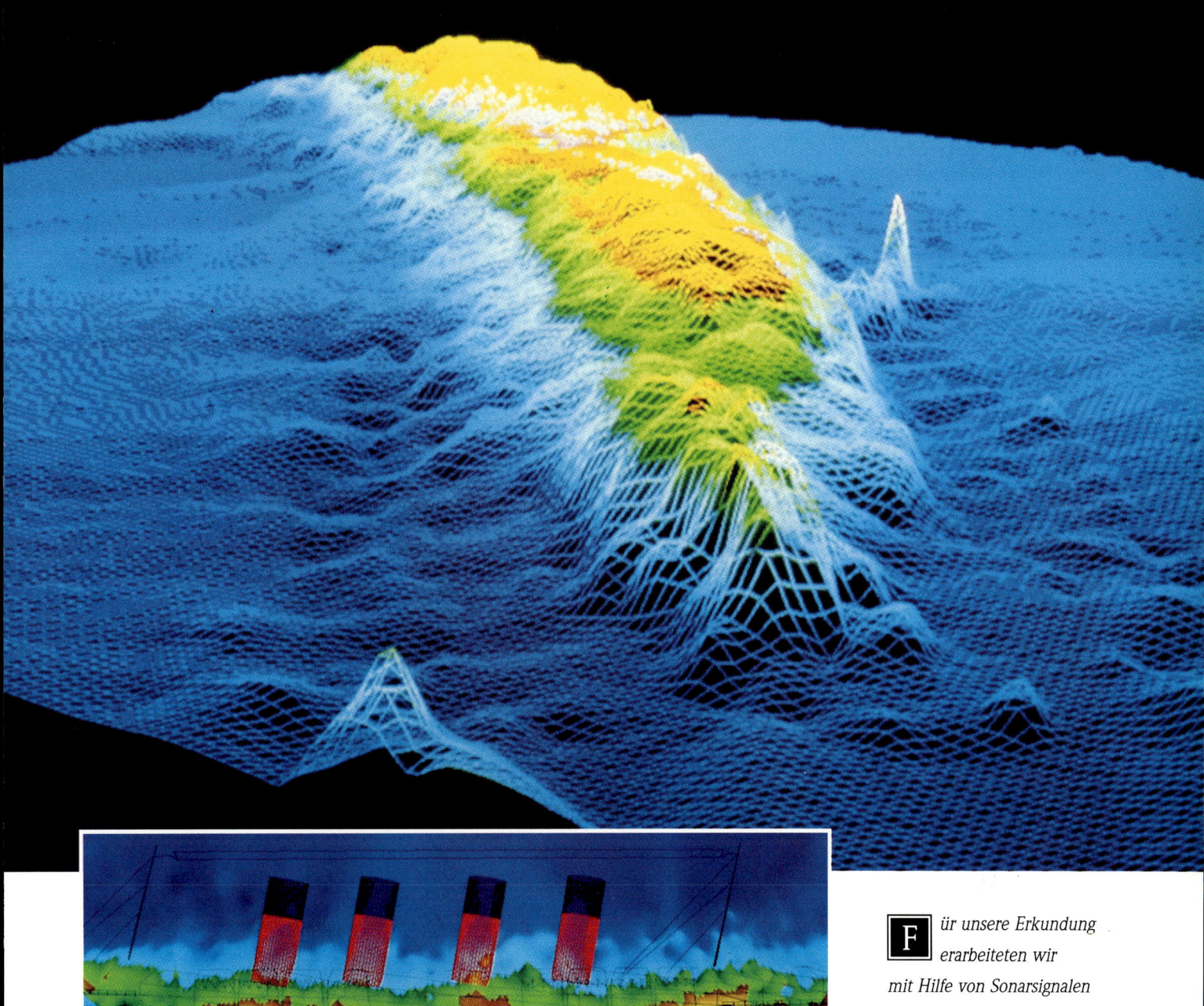

F ür unsere Erkundung
erarbeiteten wir
mit Hilfe von Sonarsignalen
eine Computerkarte des
Schiffs (oben), über die wir
dann den Umriß des Schiffs
legten (links).

manövrieren, wurde durch eine starke Strömung am Meeresboden vereitelt. Dann zogen die Scheinwerfer zahllose Schellfische an, die uns die Sicht auf das Wrack versperrten. Wir mußten warten, bis sie das Interesse verloren und weiterschwammen. Doch schließlich konnten wir unsere Untersuchung fortsetzen.

Wir entdeckten einen enormen Riß im Rumpf, an dem sich die Stahlplatten gelöst hatten. Die Nietlöcher waren leer; die Nieten mußten herausgefallen sein, als das Heck abbrach. Daneben waren noch andere kleine Löcher zu sehen, die uns Rätsel aufgaben. Sie sahen aus, als hätte jemand damit angefangen, sie in den Rumpf zu schneiden, und dann aufgehört und den Stahl hineingedrückt. Sie wirkten ein bißchen wie eine vergrößerte Ausführung dieser Dosenverschlüsse, die man durch Eindrücken öffnet.

Als *Jason* den Rand des Decks erreichte, wurde die Strömung so stark, daß es Martin schwerfiel, ihn zu steuern, und wie um unser Leben noch mehr zu erschweren, wur-

den die Umrisse von Netzen sichtbar. Über den Resten der Aufbauten liegend, schienen sie nur darauf zu warten, daß wir ihnen zu nah kamen. Diese Nylonnetze sind buchstäblich unzerstörbar, was Fischern sicherlich sehr willkommen ist, Unterwasserforschern jedoch ganz und gar nicht.

Als wir *Jason* wieder voll im Griff hatten, begannen wir die Backbordseite des Rumpfs zu untersuchen, wo John Light angeblich den Beweis für eine zweite Explosion gefunden hatte, die das tödliche Leck verursachte. Aber es gab kein klaffendes Loch, wie er es beschrieben hatte.

Jason konnte aufgrund der Seitenlage des Schiffs um den Kiel herumfahren, und *Homer* tauchte unter das Schiff hinab, um die Steuerbordseite zu untersuchen, wo sich der Lagerraum befunden hatte. Nirgends ein großes Leck − nur wieder diese kleinen, eingedrückten Löcher. Das riesige Ruder war immer noch nach Backbord gedreht und erinnerte an die letzten verzweifelten Minuten, als der Kapitän vergeblich versuchte, das Schiff zu retten, indem er auf die irische Küste zusteuerte. Der Bug war aufgedrückt, der Stahl verbogen und zerfetzt, ein Schaden, der zweifellos entstanden war, als die letzte Reise des Schiffs mit einem heftigen Aufprall auf dem Meeresboden endete.

Als wir das Wrack aus der Nähe sahen, empfanden wir große Hochachtung für jene, die es mit mangelhafter Ausrüstung erforscht hatten. Das erstaunliche ist, daß Tauchern wie Jim Jarrat und John Light so wenige Irrtümer unterliefen. Ihre Beleuchtung, zum Beispiel, lag in einem Dauerclinch mit der Uhr und den bösartigen Auswirkungen der Schwerkraft auf den menschlichen Körper. Man wußte nie genau, wo man sich eigentlich befand. Es wäre ein Wunder gewesen, wenn sie sich nicht geirrt hätten.

❧

OBWOHL ES ERREGEND WAR, DAS WRACK DER *LUSITANIA* DURCH die Augen eines Roboters zu sehen, war es doch nichts im Vergleich dazu, hinabzutauchen und es selbst aus der Nähe zu studieren. Kein Schuljunge, der zum ersten Mal ein Flugzeug besteigt, hätte aufgeregter sein können als ich, während ich mich auf meine erste Tauchfahrt mit *Delta* vorbereitete.

Das Wetter spielte mit. Die Sonne schien, und die See war ruhig. Kurz nach dem Frühstück stiegen wir an Bord von *Delta* und machten es uns bequem, so gut es in der engen Kabine möglich war. Die Sicht war im Gegensatz zum Raumangebot des Mini-U-Boots alles andere als beschränkt. Es besaß vorn und auf beiden Seiten große Fenster, die mich

*U*m das U-Boot Delta einzusetzen, wurde es zunächst über die Bordwand geschwenkt (links) und dann ins Wasser herabgelassen (ganz oben). Anschließend kamen die Taucher mit einem Schlauchboot längsseits (oben) und lösten die Halteseile, so daß Delta *mit der Tauchfahrt zu dem in neunzig Meter Tiefe liegenden Wrack beginnen konnte (unten).*

an Kapitän Nemos Kabine in Jules Vernes Klassiker *20 000 Meilen unter dem Meer* erinnerten. Das Wasser über uns wurde zu einem verschwommenen Glühen, und an seine Stelle trat ein intensives Gelbgrün – nicht das tiefe Blau, das ich erwartet hatte. Als wir uns dem Meeresboden näherten, schaltete Chris Ijames, mein Steuermann, die Außenscheinwerfer ein und sagte, wir sollten nach unten auf die Sandfläche schauen, die uns entgegenkam.

Wir setzten mit einem leichten Stoß auf, und während wir langsam am Meeresboden entlangfuhren, nahm ich die Bilder in mich auf, die uns umgaben: ein großer Felsblock, ein scheuer Tintenfisch, Schwärme von Fischen und Krabben, die uns, ohne Furcht zu zeigen, beäugten. Nach wenigen Minuten tauchte in dem Dunkel vor uns ein rötlicher Widerschein auf. Die Schatten entpuppten sich nach und nach als Stahlflächen, und dann lag das Wrack eines der größten Schiffe der Geschichte zum Greifen nah vor uns. Nur Zentimeter von dem gewaltigen Schiffsrumpf entfernt, begannen wir mit unserer Untersuchung. Ich kam mir vor wie eine Wanze, die über den Körper eines schlafenden Riesen kriecht. Die großen Stahlplatten, die ich vor mir sah, waren von kräftigen schottischen Werftarbeitern mit Muskelkraft an ihren Platz gewuchtet und vernietet worden. Damals herrschte König Edward VII. über das britische Empire, und der Ehrgeiz Kaiser Wilhelms II. begann das heikle Mächtegleichgewicht in Europa aus der Balance zu bringen, während in Amerika Henry Ford am Anfang seiner steilen Karriere als Automobilhersteller stand. Die Geschichte war nah genug, um sie mit Händen fassen zu können.

Wir wurden abrupt in unseren Gedanken unterbrochen, als ein an der Seite des Schiffs herunterhängendes Netz in Sicht kam. Wir mußten über das Netz rollen, um die *Lusitania* nicht aus den Augen zu verlieren. Es fällt schwer, die Ruhe zu bewahren, wenn man einem Netz, das nur darauf zu warten scheint, nach einem zu greifen, so nahe kommt. Im späteren Verlauf der Expedition sollte genau das geschehen. *Delta* saugte ein Netz an, das sich in seinem Heckpropeller verfing, und wir hatten keine andere Wahl, als den Heckabschnitt des U-Boots abzuwerfen, um von dem alptraumhaften Spinngewebe aus Nylon fortzukommen.

Wir studierten den riesigen Rumpf aus jeder Perspektive. Wohin wir auch blickten, entdeckten wir traurige Relikte der Vergangenheit: mehrere der auffallenden zylindrischen Heizraumlüfter, eine Bootswinde, Linoleumfliesen, ein Schar-

nier, einen Türknauf, ein guterhaltenes Deckenlicht und – als ergreifenden Hinweis auf die menschlichen Opfer – einen Frauenschuh. Der unwahrscheinlichste Fund war vielleicht eine Badewanne mitsamt der schlanken, einem Vogelkäfig ähnlichen Dusche, die sich nach fast achtzig Jahren immer noch an ihrem Platz befand. Von diesen »Luxusgütern« gab es auf der *Lusitania* nur wenige. Wie hatte dieses hier den Untergang und den verheerenden Zusammenbruch der Decks überstanden und war in ausgezeichnetem Zustand *außerhalb* des Schiffs gelandet?

Plötzlich schälte sich eine Wassermine aus der Dunkelheit. Sie war intakt, ein Souvenir, das von einer lange vergessenen Marineübung übriggeblieben war. Ich konnte den Kontaktbolzen nur wenige Zentimeter neben dem U-Boot deutlich erkennen. Den Gedanken daran, was passiert wäre, wenn wir ihn berührt hätten, schob ich rasch beiseite. (Später fanden wir heraus, daß es eine Mine aus der Zeit nach dem zweiten Weltkrieg war. Die irische Marine hatte das Wrack vermutlich als Übungsziel benutzt, was auch die kleinen Löcher im Rumpf erklären würde.)

Der interessanteste Anblick, der sich uns während dieser Tauchfahrt bot, war vielleicht das Deck vor den Resten der Brücke. Es lag vielleicht an den täuschenden Sichtverhältnissen oder am schiefen Blickwinkel, aber alles wirkte riesengroß. Der Rest des Masts erinnerte an einen gigantischen Baumstamm, obwohl er, wie ich annehme, nur einen Durchmesser von ungefähr einem Meter hatte. An seinem Fuß befand sich immer noch eine Winde, die jetzt allerdings in ein Fischernetz eingehüllt war. Daneben hingen an einem großen Ring immer noch mehrere Schäkel. Das Holz des Decks der *Lusitania* schien sich in besserem Zustand zu befinden als das der *Titanic,* aber die vielen Netze, die sich an den Pollern und anderen vorstehenden Teilen verfangen hatten, schreckten von einer genaueren Untersuchung ab. Wir beschlossen, an die Oberfläche zurückzukehren.

Ich konnte den Blick nicht von dem Wrack lassen, während wir uns von ihm entfernten. Es sah merkwürdig verwundbar aus, wie ein Champion, der von einer grausamen Laune des Schicksals zu Boden gestreckt worden war.

Delta *fährt zur genauen Untersuchung dicht an das Wrack heran. An Bord befanden sich normalerweise zwei Personen – ein Steuermann und ein Beobachter, der durch die runden Fenster im Turm des U-Boots schaute.*

Achtes Kapitel

DIE LUSITANIA DAMALS UND HEUTE

Die Lusitania *liegt heute auf der Steuerbordseite, in rund neunzig Metern Tiefe. Obwohl der Zahn der Zeit an ihr genagt hat, läßt sich in dem Wrack immer noch der Träger des Blauen Bandes von einst wiedererkennen. Links: Die Konturen des Namenszuges am Bug sind immer noch sichtbar; indem man mehrere Aufnahmen übereinanderlegt, läßt er sich in ganzer Länge lesen (unten). Das Foto ganz unten zeigt, wie er ursprünglich aussah.*

Der Bug

Der Bug wurde beim
Aufprall auf den
Meeresboden nach oben
gebogen, so daß er einer
der wenigen Abschnitte
ist, wo man die Steuer-
bordseite sehen kann
(unten links). *Links:* Delta
bei der Untersuchung der
Backbordseite des Bugs.
Unten: Der Bug der
Lusitania, wie er in ihrer
Blütezeit aussah, mit beiden Ankern. Heute ist nur
noch der Steuerbordanker
(rechts) an seinem Platz.

(Dieses Foto wurde ge-
dreht, um es leichter
erkennbar zu machen.)
Nächste Seiten: Delta
erkundet die Steuerbord-
seite des Bugs.

1. Dieser kleine Kran ist heute noch auf dem Wrack des Vorderdecks zu sehen. An dieser Stelle stand der Ausguck Leslie Morton, als er den Torpedo entdeckte – und dann seinen Posten verließ, um seinen Bruder zu warnen.

2. Der Namenszug der *Lusitania* war übermalt worden, um die Identität des Schiffs vor den Deutschen zu verschleiern.

3. Der nächste, der den Torpedo entdeckte, war der Ausguck Thomas Quinn, dessen Posten sich hier in diesem Krähennest auf dem Vormast der *Lusitania* befand. Sowohl der Mast als auch das Krähennest sind auf dem Wrack zu erkennen.

4. Über der Brücke wurde diese Kompaßplattform hinzugefügt.

5. Der verhängnisvolle Torpedo von *U-20* schlug in diesem Bereich unterhalb der Brücke der *Lusitania* auf.

6. Die in den traditionellen Cunard-Farben Rot und Schwarz gehaltenen Schornsteine waren gänzlich schwarz gestrichen worden, um die Identität des Schiffs zu verbergen.

7. Hier wurde die zweite Kompaßplattform eingebaut.

8. Kurz nach dem Torpedotreffer bildete sich hier vor dem Haupteingang der ersten Klasse eine große Menschenmenge. Nach Augenzeugenberichten stand dort auch Alfred Vanderbilt, ohne jedoch einen Versuch zu unternehmen, sich zu retten.

9. Von seinem Posten hier im Funkraum der *Lusitania* sendete der Funker Robert Leith verzweifelt SOS-Signale aus.

10. In letzter Minute versuchte sich Edith Williams mit ihrer kleinen Schwester über diese Leiter zu retten, bevor das ansteigende Wasser sie erreichte.

11. An dieser Stelle befand sich das Veranda-Café. Oliver Bernard stand hier an der Steuerbordreling, als der Torpedo einschlug.

12. Das hintere Deckhaus, in dem sich der Speisesaal und die Aufenthaltsräume der zweiten Klasse befanden.

13. Die Dockbrücke. Heute liegt sie neben dem Rumpf verkehrt herum auf dem Meeresboden.

14. Der Flaggenstock. Um den Deutschen die Identifizierung des Schiffs zu erschweren, fuhr die *Lusitania* auf ihrer letzten Fahrt ohne Flagge.

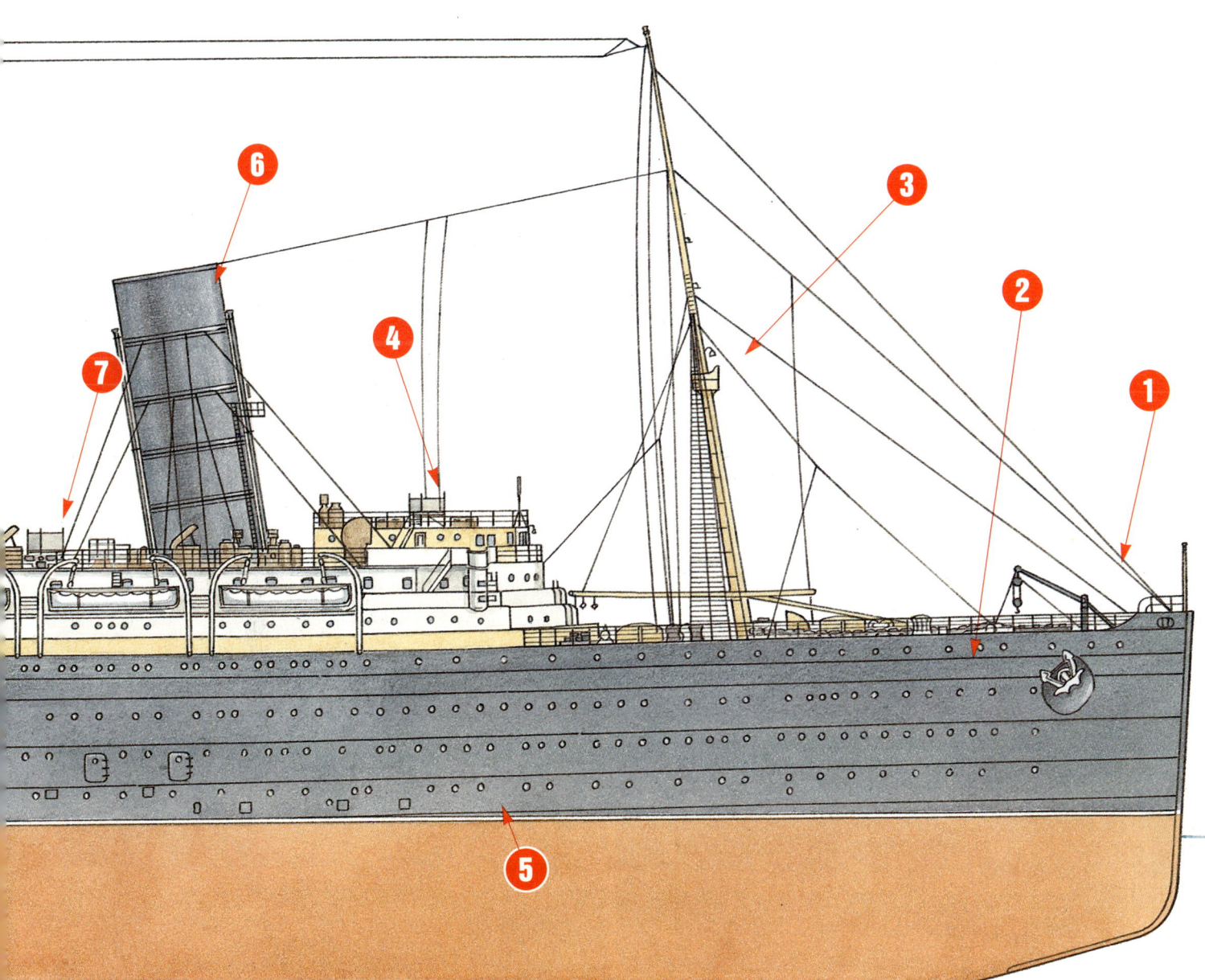

Das Vorderdeck

Unter Fischernetzen und Trümmern lassen sich auf dem Vorderdeck einige Einzelheiten erkennen, die auf diesem alten Foto (gegenüberliegende Seite unten rechts) zu sehen sind. Dazu gehören ein Rad wie das des Ankerspills (gegenüberliegende Seite oben) und diese Poller (gegenüberliegende Seite unten links), um die immer noch ein Tau liegt. In den Trümmern weiter vorn sind dieser kleine Kran (oben) und ein Kettenabschnitt (rechts) zu finden, der dazu benutzt worden sein mag, das Schiff an der Cunard-Tonne in Liverpool festzumachen.

Rechts: Die Dreitonpfeife der Lusitania *war am vordersten Schornstein befestigt und fast einen Meter hoch. Heute liegt* sie neben dem Schiff auf dem Meeresboden (oben). Die Dampfpfeifen, die gleichfalls auf dem Meeresboden liegen (gegenüberliegende Seite unten), befanden sich einst an einem der Schornsteine wie dem, der hier abgebildet ist.

Hinter der Brücke lag ein »Hausdach« genannter Bereich, wo sich die auffallenden Lüfter der Lusitania befanden (oben). Obwohl die Klappe verlorengegangen ist, kann man diesen Lüfter (rechts oben), wenn man ihn mit dem achtzig Jahre alten Foto vergleicht, immer noch erkennen. Rechts: Über diesen Mosaikfußboden ging man in der Eingangshalle der ersten Klasse auf dem Bootsdeck.

Die Wasser- tanks

Direkt hinter dem ersten Schornstein waren drei große Wassertanks (unten) aufgestellt. Sie sind immer noch an ihrem Platz und leicht zu erkennen (links und ganz unten).

Auf der Lusitania besaßen
nur die Bäder der ersten
Klasse Duschen. Diese liegt
jetzt unter anderen
Trümmern außerhalb des

Wracks auf dem Meeres-
boden. Rechts: So sah
sie aus, als sie eingebaut
wurde.
Gegenüberliegende Seite

oben: Dieses verzierte
Fenster schmückte einst die
Räume auf dem Bootsdeck
der Lusitania (Mitte rechts).
Gegenüberliegende Seite

Mitte: Dieses einfachere
Fenster und die Lampe
befanden sich auf dem
überdachten Promenaden-
deck (unten rechts).

Dieses Rettungsboot ist eines von dreien, die immer noch an ihren Davits befestigt sind. Wie überall auf dem Wrack haben sich auch an dem Boot Fischernetze verhakt.
Links: Derselbe Davit, wie er 1915 aussah.

Rechts: Diese Tür in der Bordwand wurde als Passagier-
eingang benutzt. Unten: Eine dieser Türen heute. Wie die
schwere Tür aufgerissen werden konnte, ist ein Rätsel.
Nächste Seiten: Delta untersucht das riesige Leck im Rumpf
der Lusitania.

Rechts: Durch das große Loch in der Bordwand war eine Doppelreihe von Nietenköpfen zu sehen, die denen der Heizkessel entsprach, die auf dem unten abgebildeten alten Foto zu sehen sind. Wir schlossen daraus, daß wir in einen der Kesselräume der

Lusitania *blickten, genauer gesagt in Kesselraum Nummer vier, der während der letzten Fahrt aus Sparsamkeitsgründen nicht in Betrieb gewesen war.*

Der Hauptmast zwischen anderen Trümmerteilen (links) und in seinem ursprünglichen Zustand (rechts). Unten: Fische schwimmen durch eines der Oberlichter des hinteren Deckhauses, in dem sich einst die Gemeinschaftsräume der zweiten Klasse befanden.
Ganz unten: Ein Oberlicht, wie es 1915 aussah.

Die Dockbrücke

Die auf dem hinteren Bootsdeck (rechts) befindliche Dockbrücke verfügte über eine eigene Steuerung, mit deren Hilfe das Schiff an seinen Liegeplatz manövriert wurde. Heute ist sie weggerissen (links), und der Fernsteuerapparat, an dem sich das Steuerrad der Dockbrücke befand, liegt jetzt auf der Seite (oben).

Schrauben und Ruder

Oben: An dieser Wellenhose saß eine der Backbordschrauben der Lusitania, *bis sie von Bergungstauchern entfernt wurde. Mitte: Das Ruder der* Lusitania *befindet sich noch an seinem Platz, obwohl der untere Teil abgebrochen ist. Links: Dieselbe Schraube und das Ruder in ihrem ursprünglichen Zustand. Rechts: Eine der Schrauben heute – auf einem walisischen Schrottplatz.*

Der Maschinenraum

Links: Da sich die Aufbauten im Lauf der Jahre vom Rumpf gelöst haben, ist es möglich, direkt in den Maschinenraum zu blicken. Er ist zwar völlig zertrümmert, läßt sich aber anhand einiger Dinge wiedererkennen – insbesondere an dem sich quer durch den Raum spannenden Metallträger und an den Überresten des metallenen Laufstegs (oben).

Gefangen auf der *Lusitania*

Im August 1993 tauchten der Maler Ken Marschall und der Historiker Eric Sauder an Bord des Mini-U-Boots *Delta* zu dem Wrack hinab. Sie mußten in dem engen Raum knien, während sie durch die Luken hinausschauten. Chris Ijames, ein sehr erfahrener Steuermann, bediente die Steuerung. *Delta* hatte über 2000 Tauchfahrten hinter sich und war noch nie in Schwierigkeiten geraten, aber an diesem Tag war es soweit. Als er das U-Boot über die Fischernetze brachte, die die *Lusitania* wie ein Spinnengewebe einhüllen, verspürte Chris plötzlich einen ominösen Ruck. *Delta* hatte sich in den Netzen verfangen. Chris versuchte alles, um das Boot freizubekommen, aber die Netze ließen nicht locker. Ruder und Schraube am hinteren Teil des U-Boots waren glücklicherweise in Voraussicht auf einen derartigen Notfall so angebracht, daß sie vom Rumpf abgetrennt werden konnten. Nachdem er einige schwere Gegenstände nach hinten geschafft hatte, löste Chris vorsichtig die Halterungen. *Delta* reagierte sofort und stieg zur Erleichterung seiner Insassen rasch nach oben.

Es ging so schnell nach oben, daß Eric das Gefühl hatte, das U-Boot müßte »wie eine Rakete aus dem Wasser schießen«. Doch dazu kam es nicht. »Chris ließ beim Aufsteigen Luft ab, so daß sich unsere Geschwindigkeit stark verringerte. Tausende winziger Blasen schwammen mit einem rieselnden Geräusch an unseren Luken vorbei.«

Zum Glück für die Expedition hatten wir ein Ersatzheck für *Delta* mitgebracht. Einige Tage später tauchte das U-Boot mit neuem Ruder und neuer Schraube zur *Lusitania* hinab und barg die abgetrennte Heckpartie. Eric Sauder bewahrt sie zur Erinnerung an dieses nervenaufreibende Abenteuer auf.

Die eindringlichsten Bilder vom Wrack der Lusitania *sind sicherlich jene, die den stärksten menschlichen Anklang haben. Man kann sich leicht vorstellen, daß einst jemand von diesen Tellern (oben) aß, daß eine Frau diesen Schuh (Mitte) trug und Passagiere aufgeregt an dieser Reling (unten) lehnten, um einen ersten Blick auf New York zu werfen.*

Neuntes Kapitel

Was verursachte den Untergang der Lusitania?

ACHDEM WIR DAS WRACK DER *Lusitania* untersucht hatten, war es an der Zeit, ein paar Schlußfolgerungen zu ziehen. Was hatte den Untergang des Schiffs verursacht?

Die *Lusitania*-Katastrophe gilt weithin als »die Versenkung, die Amerika in den Krieg hineinzog«. Es wurde sogar immer wieder der Vorwurf erhoben, die Briten hätten daran gedreht, um zwischen Amerika und Deutschland Spannungen hervorzurufen. In der Regel wird Winston Churchill, dem Ersten Lord der Admiralität, die Schuld aufgebürdet.

Solche Theorien erfuhren während des Krieges durch deutschfreundliche amerikanische Zeitungen und Zeitschriften weite Verbreitung. Ein damaliger Kongreßabgeordneter, Richmond Hobson, machte kein Geheimnis aus seiner Überzeugung, daß die Briten den Untergang der *Lusitania* herbeigeführt hatten; seiner Meinung wurde allerdings nur wenig Beachtung geschenkt. Ein gewisser Flamm, ein deutscher Staatsrat, behauptete sogar, die teuflischen britischen Verschwörer hätten jemanden beauftragt, kurz nach dem Torpedotreffer eine Bombe zu zünden, um sicher zu sein, daß das Schiff schnell sank. Die Verfechter solcher Theorien wiesen darauf hin, daß Kapitän Turner vor der irischen Küste keinerlei Ausweichmanöver einleitete. Sie glaubten offenbar, daß er einen schnurgeraden Kurs fuhr, damit das Schiff ein besseres Ziel für den wartenden Schwieger darstellte. Der Kaiser selbst

Winston Churchill wurde unterstellt, die Versenkung zugelassen zu haben. Rechts: Homer fährt am Kiel der Lusitania *entlang.*

schien diese Annahme zu bestätigen, als er ein Jahr nach dem Untergang in einem Gespräch mit dem amerikanischen Botschafter, James W. Gerard, sagte, die britische Regierung habe »dafür gesorgt, daß die *Lusitania* in englischen Gewässern langsam fuhr, damit die Deutschen sie torpedieren und in Schwierigkeiten bringen konnten«.

War die Tragödie also Teil eines machiavellistischen britischen Komplotts mit dem Ziel, die neutralen Staaten der Welt, einschließlich der Vereinigten Staaten, in einer antideutschen Allianz zu vereinen? Es ist eine interessante Idee. Aber wenn die Verschwörer erwarteten, die Weltgeschichte durch den erfolgreichen Abschuß eines einzigen Torpedos in andere Bahnen lenken zu können, hatten sie sich viel vorgenommen. Damals waren Torpedos notorisch unzuverlässige Waffen, und es gab jeden Grund anzunehmen, daß Schwiegers Projektil steckenbleiben oder fehlgehen würde. Selbst im Fall eines Treffers war zu erwarten, daß sich das riesige Schiff in den nächsten, nur wenige Seemeilen entfernten Hafen retten konnte. Die Wahrscheinlichkeit, daß es nach einem einzigen Torpedotreffer sinken würde, war verschwindend gering. Nur ein außergewöhnliches Zusammenwirken von Zufällen führte dazu, daß dieses Ereignis tatsächlich eintrat.

Folgende Seiten:
Jason, Delta *und* Homer *untersuchen das Leck in der* Lusitania.

Darüber hinaus übersah die Verschwörungstheorie eine wichtige Frage, die nämlich, ob England zu diesem Zeitpunkt den Kriegseintritt der USA wünschte. England bezog große Mengen Kriegsmaterial aus Amerika. Wenn die Vereinigten Staaten in den Krieg eingetreten wären, hätten sie die Waffen und die Munition für den Ausbau ihrer Armee gebraucht, der nach Schätzung des US-Außenministeriums ein oder zwei Jahre gedauert hätte. Die amerikanische Kriegserklärung hätte also, zumindest anfänglich, zur Folge gehabt, daß die für England unverzichtbaren Kriegsmaterialien einem anderen zuflossen. Spring Rice, der britische Botschafter in Washington, betonte denn auch, daß das »Hauptinteresse« Großbritanniens gegenwärtig darin bestehe, Amerika als Lieferant des dringend benötigten Nachschubs zu behalten.

Der stärkste Einwand gegen die Theorie, daß England den Vorfall inszeniert hatte, ist jedoch die Reaktion der Admiralität auf den Untergang der *Lusitania*. Captain Richard Webb, Chef der Handelsabteilung der Admiralität, war der Ansicht, daß das New Yorker Cunard-Büro von deutschen Spionen infiltriert worden war, die sich Turners genaue Route besorgt hatten. Darüber hinaus, erklärte Webb, habe sich Turner einer »fast unvorstellbaren Fahrlässigkeit« schuldig gemacht. Jacky Fisher, der Erste Seelord, bestätigte dies mit einer Randbemerkung in Webbs Bericht: »Ganz meine Meinung«. Webb kam zu dem Schluß, daß Turner entweder völlig unfähig oder »von den Deutschen gekauft« sei. Fisher, der sich vor Wut kaum zu beherrschen vermochte, kommentierte dies mit der Bemerkung: »Da die Cunard Company keinen *unfähigen* Mann eingestellt hätte, besteht die absolute Gewißheit, daß Turner kein Narr ist, sondern ein Schurke!« Er hoffe, fügte er hinzu, daß man ihn »*sofort* nach der [Mersey-]Untersuchung« verhaften werde, »*ganz gleich,* zu welchem Urteil oder Ergebnis sie kommt. Kein Seemann, der bei Verstand ist, hätte sich verhalten, wie er es tat.«

Die Reaktionen von Churchill und Fisher sind ein zwingendes Argument gegen die Verschwörungstheorie. Es kann kaum ein Zweifel daran bestehen, daß beide außer sich waren vor Wut und Empörung über Turners Verhalten. Aber sie konnten es nicht in der Öffentlichkeit sagen. Es war Krieg, und Turners Verfehlungen offen zu benennen hätte bedeutet, die von der Admiralität angeordneten Vorkehrungen zur U-Bootabwehr bekanntzumachen und zu enthüllen, wie knapp die britische Marine an Geleitschiffen war.

Da die Verschwörungstheorie ausscheidet, bleiben noch zwei Möglichkeiten: Die eine ist, daß die *Lusitania* »Konterbande« transportierte (die nie jemand gesehen hat), die von dem Torpedo entzündet wurde, die andere, daß ein Dampfkessel explodierte.

Der Erste Seelord, Jacky Fisher, nannte Kapitän Turner einen »Schurken« und hoffte, daß man ihn verhaften würde.

Es war allerdings mit Sicherheit anzunehmen, daß die Konterbande, wenn sich denn welche an Bord befand, nicht explodiert ist. Die Entfernung zwischen der Stelle, wo der Torpedo einschlug, und den Laderäumen war zu groß. Außerdem konnten wir die gesamte Außenfläche der Laderäume untersuchen, und sie war eindeutig unbeschädigt. Wenn Munition an Bord gewesen war, dann war sie nicht die Ursache der zweiten Explosion.

Wenn die tödliche Explosion also nicht von einer illegalen Fracht verursacht wurde, wovon dann? Die Dampfkessel schlossen wir als Ursache aus.

Wir brauchten eine Weile, bis wir sahen, daß der Schlüssel des Geheimnisses überall um uns herum verstreut war: in Form von Kohlehaufen, die beim Untergang aus dem Schiff gefallen waren. Der Treibstoff der Ozeanriesen jener Zeit war Kohle. Die *Lusitania* verbrauchte bei der Atlantiküberquerung tausend Tonnen am Tag. Gelagert wurde die Kohle in riesigen Bunkern, die sich unterhalb der Wasserlinie an der Bordwand befanden. Der Torpedo mußte die *Lusitania* in Höhe dieser Kohlebunker getroffen haben. Kein Wunder, daß Kohle herausfiel, während das Schiff auf den Meeresboden sank, und eine traurige Spur legte, die immer noch die Route seiner letzten Fahrt markierte.

Mit Hilfe von Cyril Spurr, einem britischen Sprengstoffexperten und früheren Marineoffizier, begannen wir, die Szene im Augenblick des Torpedotreffers zu rekonstruieren.

A is die Lusitania *vor der irischen Küste torpediert wurde (rechts)*, waren ihre Kohlenbunker fast leer. Die Explosion (rechts Mitte) wirbelte große Mengen von Kohlenstaub auf, der auf dem Boden der Bunker lag und durch den Torpedo entzündet wurde (rechts unten). Dadurch wurde die Außenwand eines Kohlenbunkers der Steuerbordseite in ganzer Länge aufgerissen.

Das »Munitionsmagazin« (farbig hervorgehoben) blieb unbeschädigt. Oben: Die auf dem Meeresboden verstreute Kohle war einer der Hinweise, die uns darauf brachten, daß die zweite Explosion durch die Entzündung von Kohlenstaub verursacht wurde.

Nach der weiten Reise von New York hat die *Lusitania* nur noch wenig Kohle an Bord, dafür aber um so mehr Kohlenstaub, der wie ein dicker Teppich den Boden der Bunker auf beiden Seiten der Kesselräume bedeckt. Für sich allein genommen, stellt der Kohlenstaub kaum eine Gefahr dar. Um ihn zu einer echten Bedrohung werden zu lassen, bedarf es eines Auslösers.

Ein Torpedo trifft die Bordwand und explodiert. Die Detonation erschüttert das gesamte Schiff, aber keinen Abschnitt stärker als den, in dem sich die Kohlebunker der Steuerbordseite befinden. Es ist, als ob ein Erdbeben ausgebrochen wäre. Gewaltsam aus seiner Ruhe gerissen, steigt der Kohlenstaub auf und zieht in bedrohlichen dunklen Schwa-

den wie vom Meeresboden aufgewühlter Schlamm durch die Bunker. Er ist nicht mehr nur das dreckige Nebenprodukt der Kesselräume des Schiffs, sondern eine mit Sauerstoff aufgeladene, höchst reaktive Mixtur.

Kurz darauf wird sie von einem Funken oder einer Flamme entzündet. Das Ergebnis: eine massive, unkontrollierbare Explosion, eine Flutwelle aus Feuer, die durch die Unterdecks rast und sich den Weg durch die Bordwand freisprengt. Binnen weniger Augenblicke neigt sich das Schiff zur Steuerbordseite, weil Zigtausende Liter Meerwasser in seinen Rumpf strömen – ein unablässig anbrandender, verheerender Angriff, den nichts aufzuhalten vermag.

Der *Lusitania* bleiben nur noch Minuten.

DIE GLÜCKLICHE SCHWESTER DER LUSITANIA

Sie liefen im Abstand von drei Monaten vom Stapel – die *Lusitania* im Juni 1906 und die *Mauretania* im September – und beherrschten bis zum ersten Weltkrieg einige glückliche Jahre lang den Nordatlantik.

Auf den ersten Blick sahen die beiden Schwesterschiffe identisch aus. In Wirklichkeit unterschieden sie sich in der Länge (die *Mauretania* war anderthalb Meter länger), in der Form ihrer Lüfter (die der *Lusitania* sahen wie Ölfässer aus) sowie in der Ausstattung und den technischen Annehmlichkeiten an Bord. Obwohl »Lucy-Liebhaber« ihre Favoritin für überlegen hielten, hatte die *Mauretania* ihrer älteren Schwester einiges voraus. Im Dezember 1910 machte sie weltweit Schlagzeilen, als sie für die Fahrt von England nach New York

und zurück nur zwölf Tagen benötigte, wobei die Liegezeit in Amerika von den üblichen fünf Tagen auf zwei Tage verkürzt werden konnte und auf der Rückfahrt zudem schwere Schneestürme und starker Seegang zu bewältigen waren.

❧

ALS DIE UNGLÜCKLICHE *LUSITANIA* IM Mai 1915 sank, stand ihr Schwesterschiff kurz davor, in den Krieg zu

Links: Die Mauretania *neben der winzigen* Turbinia, *dem ersten Schiff der Welt mit Turbinenantrieb. Rechts: Während des Krieges diente die* Mauretania *eine Zeitlang als Truppentransporter*

und erhielt einen Tarnanstrich (oben), um den Feind zu verwirren. Rechts: Die Mauretania *1935 am Ende ihres langen Lebens vor der Fahrt auf die Abwrackwerft.*

ziehen und Truppen zu den Dardanellen zu transportieren. Später diente sie als Lazarettschiff. Auf einer der Kriegsfahrten im Mittelmeer sichtete Kapitän Dow (der früher das Kommando über die *Lusitania* gehabt hatte) einen Torpedo und konnte das Schiff, während Hunderte von Seeleuten und Soldaten mit offenem Mund aufs Meer starrten, gerade noch wie eine Yacht herumreißen,

um dem Projektil vielleicht anderthalb Meter auszuweichen.

1920 dachte man bei Cunard darüber nach, die *Mauretania* für die Nachkriegszeit aufzumöbeln. Ihr Alter begann sich bemerkbar zu machen. Einige Direktoren schlugen sogar vor, sie völlig auszuweiden und ein ultramodernes Linienschiff aus ihr zu machen. Sie erhielt ihre zweite Chance dann ironischerweise

durch ein Unglück, als ein Feuer an Bord viele der Kabinen zerstörte. Während der Reparaturarbeiten beschloß Cunard, die Befeuerung von Kohle auf Öl umzustellen. Der Umbau verschlang eine viertel Million Pfund, aber es bewirkte Wunder, was das Leistungsvermögen des ehrwürdigen Luxusliners betraf. Verjüngt befuhr sie weitere fünfzehn profitable Jahre den Nordatlantik.

EPILOG

on den 1959 Männern, Frauen und Kindern, die sich an Bord der *Lusitania* befanden, als sie am 1. Mai 1915 New York verließ, kamen 1195 ums Leben: 178 Salon-Passagiere, 374 Passagiere der zweiten und 239 der dritten Klasse sowie 404 Besatzungsmitglieder. 764 Menschen überlebten: 113 Salon-Passagiere, 227 Passagiere der zweiten und 134 der dritten Klasse sowie

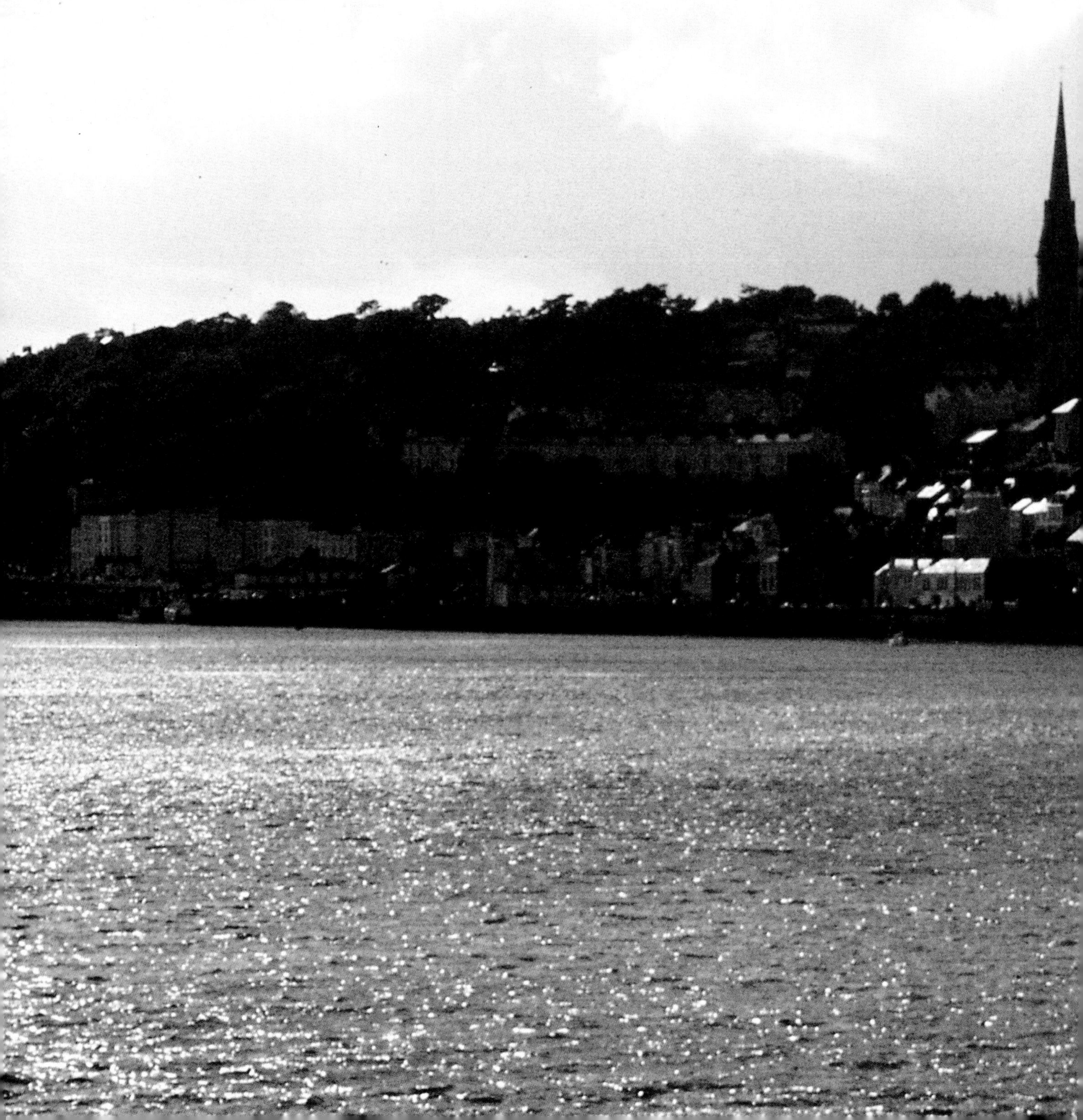

290 Besatzungsmitglieder. Statistisch gesehen, hatten Besatzungsmitglieder eine größere Chance, den Untergang zu überleben, als Passagiere; 41 Prozent der Besatzung wurden gerettet. Es läßt sich nicht leugnen, daß manchen die eigene Haut näher war als die der Passagiere. Im großen ganzen aber war ihre Leistung so gut, wie man es von einer solchen Besatzung in dieser Zeit erwarten durfte. Viele Besatzungsmitglieder bewiesen bewundernswerten Mut und bemühten sich nach Kräften, den Passagieren zu helfen. Ihre Vertrautheit mit den Gegebenheiten auf See, auch wenn sie Kapitän Turners Ansprüchen nicht genügen mochte, verbesserte zweifellos ihre eigenen Überlebenschancen; darüber hinaus waren die meisten von ihnen jung und kerngesund. Im allgemeinen hatten Männer eine geringfügig bessere

Vorherige Seiten: Queenstown (das jetzige Cobh), wie es heute aussieht.
Oben: Bei der Versenkung der Lusitania *kamen 1195 Menschen ums Leben, und*
anders als bei der Titanic *hatte es alle Klassen an Bord gleichmäßig getroffen.*

Überlebenschance als Frauen: 38,8 gegenüber 38,6 Prozent. Tragischerweise kamen nur 27,1 Prozent der Kinder mit dem Leben davon.

☙

MARGARET MACKWORTH LIESS SICH 1922 von Sir Humphrey scheiden. Sie heiratete nicht wieder und übernahm nach dem Tod ihres Vaters im Jahr 1919 den größten Teil seiner Geschäfte. Später wurde sie zur Herausgeberin von *Time and Tide.* Sie starb 1958.

Edith Williams und ihr siebenjähriger Bruder Edward, die einzigen Überlebenden der Familie Williams, wurden ein oder zwei Tage nach dem Unglück vorübergehend auf dem prächtigen Leahy-Anwesen in Cork untergebracht. Dort blieben sie zwei Wochen, bis ein Onkel aus England kam, um sie abzuholen. Einige Monate später tauchte ihr Vater auf. Edith rannte weg und kehrte schließlich nach Amerika zurück. Sie wurde noch lange von den Erinnerungen an den Schiffsuntergang gequält; sie sagte, sie hätte die winzige Hand ihrer Schwester noch fast zwanzig Jahre lang in der ihren gespürt.

Schwester Alice Lines und Audrey, ihre kleine Schutzbefohlene, überlebten beide, ebenso wie Audreys Eltern und ihre Brüder und Schwestern. Alice und Audrey wurden zu lebenslangen Freundinnen. Avis Dolphin und Ian Holbourn überlebten ebenfalls und blieben befreundet. Holbourn schrieb in seinem 1936 erschienenen Buch *The Isle of Foula* über die Katastrophe.

Am 7. September 1915, vier Monate nach dem Tag des Untergangs der *Lusitania,* wurde Mrs. Julia Sullivan in Clounley, Kilgarven, County Kerry, ein Lederkoffer zugestellt. Er gehörte zu dem Gepäck, das sie an Bord zu-

D ieses Denkmal
auf dem
zentralen Platz von
Cobh erinnert an
die Versenkung der
Lusitania.

A vis Dolphin (oben links), wie sie heute aussieht. Sie blieb immer mit Ian Holbourn befreundet, dem Mann, der ihr durch sein rasches Handeln das Leben gerettet hatte. Oben rechts: Schwester Alice Lines (links) und Audrey Pearl, ihre Schutzbefohlene von einst, sind immer noch gute Freundinnen. Unten links: Alfred Bestic wurde während des zweiten Weltkriegs erneut torpediert und überlebte ein zweites Mal. Er war einer der letzten gewesen, die Kapitän Turner (unten rechts) vor dessen Tod im Jahr 1933 besuchten. Unten Mitte: Edith und Edward waren die einzigen Überlebenden der Familie Williams.

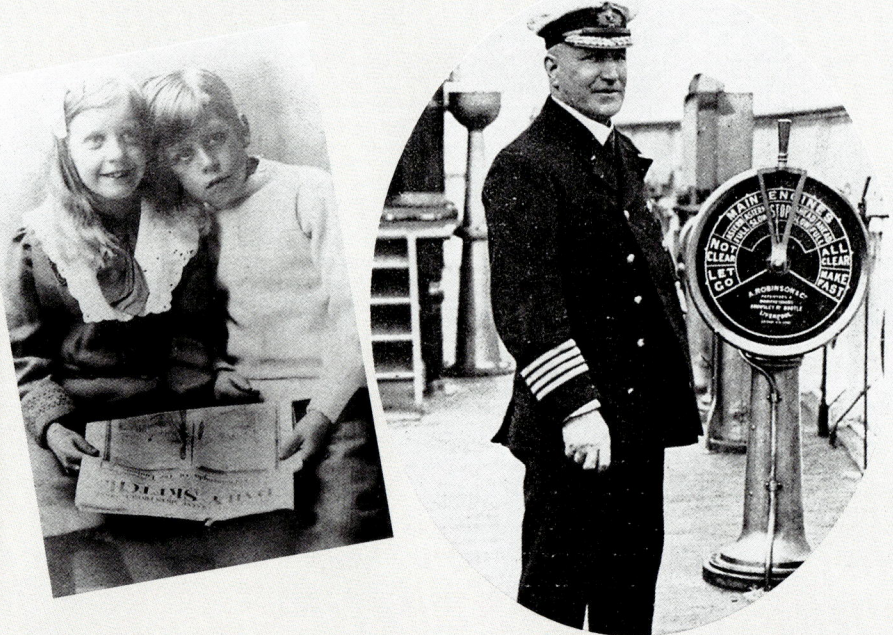

rückgelassen hatte, und war schließlich an Land gespült worden. Von dem Geld und den Wertsachen, die er enthielt, fehlten kein einziger Penny und kein Gramm Gold.

Achtzehn Monate nach der Tragödie fuhr *U-20* bei dichtem Nebel vor der dänischen Küste auf Grund. Obwohl alle Anstrengungen unternommen wurden, um das U-Boot freizubekommen, erwies es sich als unmöglich. Es wurde zerstört, indem man zwei Torpedos in den Rohren sprengte.

Walther Schwieger übernahm das Kommando über *U-88*, ein größeres und stärkeres Boot. Obwohl weithin berichtet wurde, er habe für die Versenkung der *Lusitania* einen Orden erhalten, entspricht dies nicht der Wahrheit. Ihm wurde im Juli 1917 für die Zerstörung von 190 000 Tonnen alliierten Schiffsraums der Orden Pour le Mérite verliehen; die *Lusitania* wurde in der Aufzählung jedoch nicht erwähnt. Zwei Monate später verschwanden Schwieger und seine Besatzung auf See; sie sind vermutlich auf eine Mine gelaufen.

☙

ZWEI PERSONEN WAREN DIE VERURSACHER der *Lusitania*-Tragödie: Walther Schwieger und William Turner. Wir werden niemals erfahren, ob Schwieger wußte, daß sein Ziel die *Lusitania* war, oder ob er annahm, es mit ihrem Schwesterschiff, der *Mauretania,* zu tun zu haben, die zu dieser Zeit für den Einsatz als Truppentransporter umgebaut wurde und als solcher ein legitimes Ziel gewesen wäre. In seinem Logbuch behauptete Schwieger, er hätte nicht gewußt, um welches Schiff es sich handelte, bis er, als es unterging, den Namenszug am Bug las.

William Turners Schuld bestand vor allem in Ignoranz und mangelnder Flexibilität. Er war ein einfacher Mann, der sein ganzes Arbeitsleben auf See verbracht hatte, und in einer Zeit verwurzelt, die von unveränderlichen Werten geprägt wurde. In seiner Welt versenkten Kriegsschiffe keine Schiffe voller Zivilisten, ob nun mit oder ohne Vorwarnung. Es ist zweifelhaft, daß er sich jemals eingehender

V or kurzem meldete der Daily Express, daß eine Gruppe von Tauchern, die im Sommer 1994 zur Lusitania *hinabgetaucht waren, auf dem Meeresboden mehrere runde Bleibehälter entdeckt hätten. Diese Behälter enthalten ihrer Meinung nach Gemälde von Rubens, Tizian und anderen, die Sir Hugh Lane (oben) aus New York mitgenommen hatte, um sie an die Nationalgalerie in Dublin auszuliefern. Das Geschäft war von dem berühmten Kunsthändler Lord Duveen (unten) vermittelt worden. Lane überlebte den Untergang nicht, und die Gemälde sanken mit dem Schiff in die Tiefe. Obwohl manche die Ansicht vertreten, daß die Gemälde seit langem zerstört sind, geht die irische Regierung der Geschichte nach und hat das Wrack und jede möglicherweise erhaltene Fracht unter Schutz gestellt.*

mit der Flut von Anordnungen beschäftigt hatte, die ihm die Admiralität unablässig zukommen ließ. Er dachte vermutlich, daß sie nur für Handelsschiffe, die Konterbande transportierten, und für waffenstarrende Kriegsschiffe bestimmt waren.

Er verließ New York am 1. Mai 1915 in einem unschuldigen Zeitalter.

Als er im irischen Queenstown als durchnäßter Überlebender eines Schiffsuntergangs an Land ging, hatte bereits eine rauhere, grausamere Ära begonnen. Seine Tragik war, daß er es nicht wußte.

Turner starb 1933 im Alter von siebenundsiebzig Jahren.

Die Lusitania und die Mauretania – eine Chronologie

Zusammengestellt von
Eric and Bill Sauder

Chronologie
1902
Die ersten Entwürfe
für die *Lusitania* und
die *Mauretania* mit nur
drei Schornsteinen
werden vorgelegt.

Oben: Die Lusitania *nimmt Gestalt an.*
Vorhergehende Seiten:
Die Lusitania *in Friedenszeiten vor dem*
Old Head of Kinsale.

16. Juni 1904
Die erste Kielplatte der *Lusitania*
wird gelegt.

6. Juni 1906
Die *Lusitania* wird in Anwesenheit
vieler Tausender Zuschauer von
Lady Mary Inverclyde getauft.

27. Juli 1907
Die *Lusitania* wird vor Irland mit
einigen Gästen an Bord einem
vorläufigen Test unterzogen.

Juli/August 1907
Die *Lusitania* durchläuft die
formellen Abnahmetests.

Die Lusitania *in der John-Brown-Werft kurz vor dem Stapellauf.*

Kofferanhänger und Ansichtskarte.

---

3. September 1907
Die *Lusitania* wird der Öffentlichkeit zugänglich gemacht, und 20 000 Menschen nutzen die Gelegenheit.

7. September 1907
Die *Lusitania* bricht von Liverpool aus zu ihrer Jungfernfahrt auf.

13. September 1907
Die *Lusitania* trifft zum ersten Mal in New York ein.

Oktober 1907
Die *Lusitania* erobert das Blaue Band für Großbritannien von Deutschland zurück.

Oktober/November 1907
Die *Mauretania* durchläuft die amtlichen Tests.

16. November 1907
Die *Mauretania* läuft zu ihrer Jungfernfahrt nach New York aus.

Dezember 1910
Die *Mauretania* stellt einen Geschwindigkeitsrekord für Hin- und Rückfahrt über den Atlantik auf. Sie benötigt für die Fahrt von Liverpool nach New York und zurück zwölf Tage, einschließlich eines Kurzaufenthalts von nur zwei Tagen in New York. Der Rekord wird trotz schwerer Stürme während der Rückfahrt aufgestellt.

Juli 1913
Kapitän William Turner empfängt König Georg V. und Königin Mary an Bord der *Mauretania* und führt sie durch das Schiff.

4. August 1914
Großbritannien erklärt Deutschland den Krieg. Die *Mauretania* befindet sich zu diesem Zeitpunkt auf See und eilt mit achtundzwanzig Knoten der Sicherheit des New Yorker Hafens entgegen.

November 1914
Die Anzahl der Passagen der *Lusitania* wird auf eine pro Monat reduziert. Der Kesselraum Nummer vier wird außer Betrieb gesetzt, um Kohle zu sparen, wodurch sich die Höchstgeschwindigkeit des Schiffs auf einundzwanzig Knoten verringert.

Februar 1915
Deutschland erklärt die Gewässer um die Britischen Inseln zur Kriegszone, in der Schiffe ohne Vorwarnung versenkt werden dürfen. Die *Lusitania* zieht zum Schutz gegen deutsche U-Boot-Angriffe die amerikanische Flagge auf.

1. Mai 1915
Die *Lusitania* verläßt zum letzten Mal New York.

Mauretania und Lusitania *begegnen sich auf dem Mersey.*

Die Lusitania *sinkt vor Irland.*

7. Mai 1915
Die *Lusitania* wird torpediert und sinkt, wobei 1159 Todesopfer zu beklagen sind. Noch im selben Jahr werden die ersten Bergungsvorschläge gemacht, die jedoch allesamt undurchführbar sind.

1915–1918
Die *Mauretania* dient während des ersten Weltkriegs als Truppentransporter und Lazarettschiff.

1919
Deutschland wird nach dem Krieg gezwungen, sein bestes Linienschiff, die *Imperator,* als Ersatz für die *Lusitania* an die Reederei Cunard zu übergeben, die dem Schiff den Namen *Berengaria* gibt.

Juni 1921
Die *Mauretania* gerät am Pier in Southampton in Brand. Cunard nutzt die Reparatur, um den Antrieb von Kohle auf Öl umzustellen, wodurch die Geschwindigkeit des Schiffs erhöht wird.

1929
Die *Mauretania* verliert das Blaue Band an das neue deutsche Superlinienschiff *Bremen.*

Anfang der 30er Jahre
Der Transatlantikverkehr wird durch die wirtschaftliche Depression stark in Mitleidenschaft gezogen. Cunard setzt die *Mauretania* für Kreuzfahrten ein, die nicht zuletzt wegen der in Amerika geltenden Prohibition, die Amerikaner auf ausländische Schiffe treibt, weil dort Alkohol ausgeschenkt wird, ein sehr lukratives Geschäft sind.

September 1934
Die Fusion von Cunard mit dem früheren Erzrivalen White Star führt zu einem erheblichen Tonnagezuwachs. Die *Mauretania* wird außer Dienst gestellt, und ihre Ausstattung wird versteigert.

1935
Das Wrack der *Lusitania* wird mit einem frühen Echolotgerät geortet.

1935
An der vom Bergungsschiff *Ophir* behaupteten Position des Wracks wird ein Gedenkgottesdienst abgehalten.

Der Taucher Jim Jarrat begibt sich in einem unförmigen Tauchanzug zu dem Wrack hinab. Er ist der erste Mensch, der die *Lusitania* seit ihrem Untergang zwanzig Jahren zuvor sieht.

Die *Mauretania* wird verschrottet.

An der irischen Küste machen in den nächsten zwei Jahrzehnten immer wieder Gerüchte die Runde, nach denen die britische Marine das Wrack der *Lusitania* als Ziel von Schießübungen benutzt.

Das »Hausdach«
der Mauretania.

1953
Taucher stellen fest, daß das Wrack auf der Steuerbordseite liegt, und nicht, wie von Jarrat behauptet worden war, auf der Backbordseite.

1960–1962
John Light taucht zur *Lusitania* hinab.

Januar 1968
Greg Bemis und seine Partner kaufen
John Light die Bergungsrechte ab.

✸

Frühjahr 1982
Oceaneering International unter-
nimmt eine Expedition zu dem Wrack
und birgt einige Fundstücke. Irland
versucht, die geborgenen
Gegenstände zum Volkseigentum zu
erklären, aber die Gerichte
entscheiden zugunsten des
Bergungsunternehmens.

Oben: Die Mauretania *im Hafen.*
Links: Robert Ballard 1993 mit seinem
Team auf der Northern Horizon.

1983
Oceaneering International plant für
dieses Jahr eine weitere Expedition,
um die Fracht zu dokumentieren,
doch sie findet nicht statt.

✸

1989
Eine Pfeife und eine Glocke
von der *Lusitania* werden bei
Sotheby's in London versteigert.

✸

Juli–August 1993
Die Ballard-Expedition untersucht
das Wrack der *Lusitania*.

*»Obwohl die Zeit vergeht und
die kleinen grauen Zellen verschleißen,
sehe ich den Liner, während ich hier sitze,
immer noch vor mir … wie er einfach
ins Wasser hinabgleitet.«*

Augenzeuge George Henderson
über den Untergang der *Lusitania* vor achtzig Jahren.

Die Lusitania *auf ihrer letzten Reise.*

ANHANG

Danksagung

VIELE MENSCHEN HABEN DAZU BEIGETRAGEN, DASS unsere *Lusitania*-Expedition von 1993 ein solcher Erfolg wurde. Obwohl es mir unmöglich ist, jedem einzelnen von ihnen zu danken, möchte ich doch einige hervorheben.

Zu allererst möchte ich allen Mitarbeitern der Woods Hole Oceanographic Institution danken. Woods Hole war meine erste »Forscherklause«, und ich bin dankbar, daß ich mich auch weiterhin stets auf die Hilfe von Andy Bowen, Dave Mindell, Bob Elder, Will Sellars, Dana Yoerger, Jon Howland und Linda Lucier verlassen kann.

Auch meinen langjährigen Freunden Cathy Offinger und Martin Bowen von der Marquest Group gebührt ein besonderer Dank.

Ich bin allen zu Dank verpflichtet, die mit dem Mini-U-Boot *Delta* zu tun hatten – Richard Slater, Chris Ijames, Kent Barnard und David Slater; Andy Clark und Jerry Neely von der Harbor Branch Oceanographic Institution; Simon Allen bei Seaway und Kapitän Neal Emory und seiner Besatzung von der *Northern Horizon*.

Wie schon bei früheren Unternehmungen ließ uns die National Geographic Society auch bei dieser Expedition wertvolle Unterstützung zukommen. Bei National Geographic Television gilt mein Dank Tim Kelly, Susan Borke, Peter Schnall, Bruce Norfleet, Scott Breindel und Rick Gioia und bei der Zeitschrift *National Geographic* Peter Miller, Keith Moorehead, Larry Nighswander und Jonathan Blair, dem Fotografen von *National Geographic*.

Für ihren visuellen Beitrag gebührt mein Dank außerdem Paul Matthias von Polaris Consulting, der aus unseren Sonarmessungen die Computerkarten der *Lusitania* anfertigte, und Mark Shelley und Jeff Hogan vom Sea Studio, die für die Videoaufnahmen unter Wasser verantwortlich zeichnen.

In Irland möchte ich den Angestellten des Cobh Heritage Museum und den Mitarbeitern von Celtic Diving and Salvage für ihre Hilfe danken, von letzteren insbesondere Mike Whelan sowie dem Kapitän und der Besatzung des Schleppers *Alert*. Ein besonderer Dank gilt Bill O'Mahony und Finbarr Golden vom Southern Port Services/Cork Bonded Warehouse sowie Paddy O'Sullivan.

Schließlich möchte ich F. Greg Bemis für die Erlaubnis danken, zu dem Wrack hinabzutauchen; Ken Marschall für seine anregenden Gemälde; unseren beiden Historikern Bill und Eric Sauder; Cyril Spurr für die Hilfe bei der endgültigen Aufklärung des Geheimnisses der *Lusitania;* David Weil für seine beständige Unterstützung und Anleitung; und schlußendlich, aber keineswegs zuletzt meiner Frau Barbara für ihre über alle Maßen wichtige Hilfe und Inspiration.

MADISON PRESS BOOKS UND SPENCER DUNMORE DANKEN DEN Mitarbeitern der Canadian War Museum Library in Ottawa (Ontario) und der Mills Memorial Library der McMaster University in Hamilton (Ontario); der Colindale Newspaper Library in London; Eric Sauder für seine sorgfältige Prüfung des Manuskripts sowie der Grafiken und Abbildungen auf ihre historische Richtigkeit; Bill Sauder für seine unbezahlbare technische Unterstützung und die Zusammenstellung der Chronologie der *Lusitania* und der *Mauretania;* ebenfalls seinen Brüdern Chris und Bill; Mark Reynolds aus Burlington (Ontario) für seinen technischen Rat und die Ausleihung zahlreicher auf die *Lusitania* bezogener Stücke aus seiner persönlichen Sammlung; Dori Chappell und Betty Behnke von *National Geographic* für die in diesem Buch wiedergegebenen Unterwasseraufnahmen; und Bruce Norfleet von National Geographic Television für die Transkripte der Interviews mit Überlebenden des Unglücks.

Schließlich sei Chrissie Aitken Barnett, Desmond Cox, Alice Lines Drury, Avis Dolphin Foley, Elsie Hook Hadland, Frank Hook, Audrey Pearl Lawson Johnston, Cecil Richards, Edith Williams Wachtel, John Edward Williams und Nancy Wickings-Smith Woods gedankt.

Die Erinnerungen dieser Überlebenden der *Lusitania*-Katastrophe an den schrecklichen Tag waren für dieses Buch unentbehrlich.

Bild- und Illustrationsnachweis

Wir haben uns bemüht, die Herkunft des in diesem Buch verwendeten Materials korrekt nachzuweisen. Sollte sich dennoch ein Fehler eingeschlichen haben, wäre es uns ein Vergnügen, ihn in zukünftigen Ausgaben ausmerzen zu können.

Titelbild
Gemälde von Ken Marschall

1 Sammlung von Eric Sauder
2–3 Jonathan Blair © National Geographic Society
4–5 Brown Brothers
6–7 National Maritime Museum (Greenwich), D4726/11. Fotografie aus der Sammlung von Eric Sauder
8–9 Gemälde von Ken Marschall

Erstes Kapitel
10–11 Robert D. Ballard © Odyssey Corporation
12–13 Stanford University
14 Mary Evans Picture Library
16–17 Robert D. Ballard © Odyssey Corporation
16 (unten) Jonathan Blair © National Geographic Society
17 (unten links) Robert D. Ballard © Odyssey Corporation
17 (unten rechts) Robert D. Ballard © Odyssey Corporation
18 (oben) Sammlung von Eric Sauder
18 (Mitte) Sammlung von Eric Sauder
19 Brown Brothers
20 (oben links) University of Glasgow. Fotografie aus der Sammlung von Eric Sauder
20 (unten links) Scottish Record Office, 144/9. Fotografie aus der Sammlung von Eric Sauder
20 (rechts) Sammlung von Mark Warren
21 Brown Brothers
22–23 Sammlung von Eric Sauder

Zweites Kapitel
24–25 Sammlung von Eric Sauder
26 (oben) Brown Brothers
26 (Mitte) Brown Brothers
26 (unten links) Sammlung von Eric Sauder
26 (unten rechts) Sammlung von Eric Sauder
27 Bettmann Archive, U-18138-INP
28 (oben) Sammlung von Eric Sauder
28 (unten) Bettmann Archive, U-30097-INP
29 (oben) Museum der Stadt New York, Byron Collection, 1481/24809. Fotografie aus der Sammlung von Eric Sauder
29 (unten) Brown Brothers
31 Bettmann Archive, 26-WB
32 Brown Brothers
33 (oben) Scottish Record Office
33 (unten links) Sammlung von Eric Sauder
33 (unten rechts) Bettmann Archive, U-18816-NY
34 National Maritime Museum (Greenwich), D4726/8

35 (oben) Sammlung von Eric Sauder
35 (Mitte) Sammlung von Eric Sauder
35 (unten links) Sammlung von Eric Sauder
35 (unten rechts) Sammlung von Eric Sauder
36 (links) Scottish Record Office, 136/10. Fotografie aus der Sammlung von Eric Sauder
36 (rechts) Sammlung von Eric Sauder
37 Brown Brothers
38 (links) Bibliothek für Zeitgeschichte, Stuttgart, 240/12
38 (rechts) Bibliothek für Zeitgeschichte, Stuttgart, 240/5
39 (oben) Karte von Jack McMaster
39 (unten) The Mariner's Museum, Newport News (Virginia), A-PB-97/V.62. Fotografie aus der Sammlung von Eric Sauder

Drittes Kapitel
40–41 Sammlung von Eric Sauder
42–43 Gemälde von Ken Marschall
44 (oben) Brown Brothers
44 (Mitte) Brown Brothers
44 (unten) Bettmann Archive, VV-1357
46 (oben) Brown Brothers
46 (unten) Sammlung von Ken Marschall
47 Sammlung von Mark Warren
48–49 Sammlung von Eric Sauder
48 (eingeklinkt) Sammlung von Eric Sauder

Bibliographie

Bailey, T. A./P. B. Ryan:
The Lusitania Disaster,
New York 1975

Botting, Douglas:
The U-Boats, Amsterdam 1979

Dear, Ian:
Great Ocean Liners. The Heyday of Luxury Travel, London 1977

Hall, Cyrill:
Modern Weapons of War,
London 1915

Hickey, Des/Gus Smith:
Seven Days to Disaster,
New York 1981

Hoehling, A. A. und Mary:
The Last Voyage of the Lusitania,
London 1975

Maxtone-Graham, John:
The Only Way to Cross,
New York 1972

Miller, William H. jr.:
The First Great Ocean Liners in Photographs. 193 Views, 1897–1927, New York 1984

Ransome-Wallis, P.:
North Atlantic Panorama, 1900–1976, London 1977

Rhondda, Viscountess
(Margaret Mackworth):
This Was My World, London 1933

Sauder, Eric/Ken Marschall:
R.M.S. Lusitania. Triumph of the Edwardian Age, Redondo Beach 1991

Simpson, Colin:
The Lusitania, London 1972

Wall, Robert:
Ocean Liners, London 1978

Warren, Mark D. (Hg.): *Lusitania. The Cunard Turbine-driven Quadruple-screw Atlantic Liner,* Wellinborough 1986

REGISTER

Die Suche nach dem legendären Luxusliner

Der faszinierende Report über eines der gewagtesten Abenteuer unter Wasser:
die Entdeckung der Titanic in dreitausend Meter Tiefe.
Die Expeditionen des amerikanischen Meeresgeologen Dr. Robert D. Ballard
klärten nach mehr als sieben Jahrzehnten die Ursachen der Katastrophe
in der Nacht des 14. April 1912.
Der Band enthält spektakuläre Fotos, die das Wrack des legendären Luxusliners
in allen Einzelheiten zeigen.

Robert D. Ballard
Das Geheimnis der Titanic
3800 Meter unter Wasser

246 Seiten, 150 Farb- und 75 s/w-Abbildungen,
Ausklapptafel, Großformat, gebunden

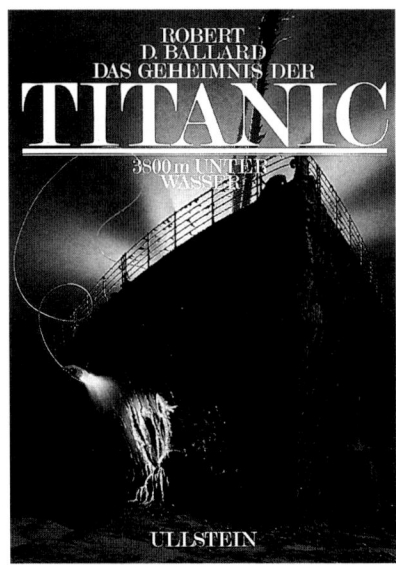

Ullstein

Das Schicksal des deutschen Schlachtschiffes

4800 Meter unter Wasser steht Deutschlands mächtigstes Schlachtschiff
aufrecht und mit hochgereckten Geschützen.
Sie war Hitlers stärkste Waffe im Seekrieg und doch nur neun Tage im Einsatz.
Robert D. Ballard fand sie am 5. Juni 1989 relativ intakt im Atlantik,
auf geheimgehaltener Position: ein Seemannsgrab für über 2000 Männer.
Rund fünfzig Jahre nach ihrem Untergang ist damit das Rätsel der Bismarck geklärt.

ROBERT D. BALLARD MIT RICK ARCHBOLD
DIE ENTDECKUNG DER BISMARCK
DEUTSCHLANDS GRÖSSTES SCHLACHTSCHIFF
GIBT SEIN GEHEIMNIS PREIS.

232 Seiten, 400 Abbildungen, davon 150 in Farbe,
2 Ausklapptafeln, Großformat, gebunden

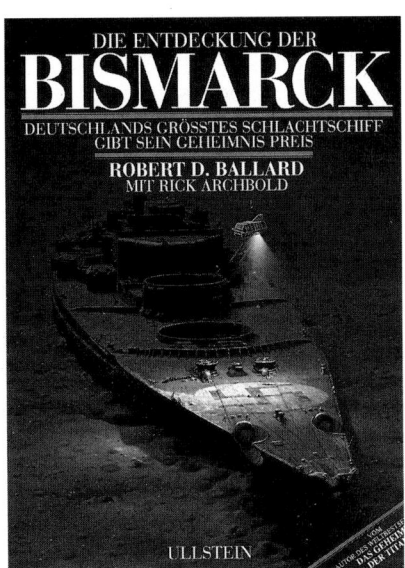

Ullstein

Gestaltung und künstlerische Leitung   Gordon Sibley Design Inc.

Herausgeber   Hugh Brewster

Projektleitung   Ian R. Coutts

Projektassistenz   Lloyd Davis, Shelley Tanaka

Produktionsleitung   Susan Barrable

Produktionskoordination   Sandra L. Hall

Originalgemälde   Ken Marschall

Karten und Grafiken   Jack McMaster

Farblithographie   Colour Technologies

Druck und Binden   Arnoldo Mondadori S.p.A.

Die Originalausgabe
Exploring the Lusitania
wurde von Madison Press Books unter Leitung von
Albert E. Cummings produziert.

Die Deutsche Bibliothek – CIP-Einheitsaufnahme

Das *Geheimnis der Lusitania:* eine Schiffskatastrophe verändert die Welt/
von Robert Ballard und Spencer Dunmore.
Mit Gemälden von Ken Marschall. Historische Beratung: Eric Sauder.
[Übers. von Klaus-Peter Schmidt]. – Berlin; Frankfurt am Main: Ullstein, 1995
Einheitssacht.: Exploring the Lusitania ‹dt.›
ISBN 3-550-06888-3
NE: Ballard, Robert; Marschall, Ken; Schmidt, Klaus-Peter [Übers.]; EST